부산
원도심에서
사람을
만나다

글쓴이 _ 이수진
펴낸날 _ 2017년 2월 20일 1판 1쇄

펴낸곳 _ 비온후
          주소 | 부산광역시 동래구 온천천로 285번길 4
          전화 | 051-645-4115
꾸밈 _ 김철진
표지사진 _ 이인미

책값 _ 15,000원
ISBN 978-89-90969-96-5 93300

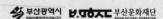

본 도서는 2016년 부산광역시와 부산문화재단의 사업비 지원을 받았습니다.

부산
원도심에서
사람을
만나다

이수진 쓰다

책만드는 작업실 비온후

차
례

8   책머리에

부산 원도심에서 사람을 만난다는 것

12   부산 원도심에 부는 바람들

36   부산 도심과 망양로 원도심이 만들어지기까지
37   부산 도심, 번영의 공간과 빈곤의 공간
55   부산 도시에서 거주권을 외쳤던 사람들
60   부산 망양로 원도심, 새로운 빛과 그림자

74   망양로 원도심, 유일한 풍경의 비밀
75   망양로 원도심, 부산의 유일한 '풍경'과 삶의 공간 사이에서
79   김민부 전망대, 이바구 공작소의 끼어들기
93   망양로 원도심, 유일한 '풍경'의 비밀
105 북항재개발 바람, 망양로—원도심 삶의 공간

112 부산 원도심에서 만난 사람들

113 벚나무를 벤 사람과 성내는 사람들

120 인쇄골목, 째려보다 어깨동무하는 사람들

127 〈낯선 아침〉, 벼룩시장의 낯설고 익숙한 사람들

136 모퉁이극장에서, 웃고 떠드는 관객들

140 초록영화제, 도시의 가면을 벗겨 내는 사람들

146 사람과 사람이 만나는 도시

147 대중에게 공동권력을

161 마리날레다의 주민회의, 몬드라곤의 협동조합

171 도시공동체와 도시정치

178 부산 원도심에서 도시재생을 다시 생각하다

200 부산 원도시에서 사람을 만나다

221 참고문헌

© Lee inmi

책머리에

― 부산 원도심에서 사람을 만난다는 것

망양로에 서서 북항바다를 처음으로 찬찬히 내려다보았을 때, 그때는 여름이 끝나고 가을이 막 시작될 즈음이었다. 2009년 부산공공미술프로젝트 '산복도로1번지-도시에는 골목이 있다'에 참여하면서 망양로와 인연이 시작됐다. 인문학의 실체, 사람들의 삶에 깊숙하게 뿌리내릴 수 있는 인문학은 어떤 것일까. 공공미술은 이 물음에 답하려는 시도였다. 사람과 사람, 사람과 현장을 이으려는 시도는 만만한 것이 아니었다. 사람들은 냉정했고, 공간은 어렵기만 했다. 작가, 거주민, 행정가 사이의 거리는 너무 멀었다. 그 사이에서 나의 역할은 티끌보다도 작았고, 어떻게 중심을 잡고 입장을 정해야할지도 막막했다. 사람들을 만나고 망양로 일대를 수없이 오르내려도 나는 그냥 내 일과를 열심히 수행할 뿐, 사람들을 잇지는 못하고 있었다.

그리고 무엇보다 거주민에게 공공미술 사업을 설명하는 과정은 낯설고 공허했다. 망양로는 작가나 실천가에게는 거대한 캔버스거나 자신들이 계획한 공공미술(만약 그런 것이 있다면)을 풀어놓는 실험실이었고, 거주민에게는 일상공간이었다. 몇몇 예술가가 만들어 놓은 틀을 실현하려 그들의 일상에 끼어들어 거주민을 설득하는 일은 어려웠다. 그만한 명분을 찾기 어려운 까닭이다. 명분은 일을 꾸민 사람들에게 해당하는 것이었고 거주민에게 그 명분은 낯선 것이었다. 동네를 아름답고 예술적으로 만든다는 그 명분은 말대로 거주민과 만나 조금만 얘기해도 날아갈 가벼운 것이었다. 12개월 동안 망양로를 드나들면서 일을 진행할수록 내가 타인의 일상공간을 침범하고 있는 것은 아닌가 하는 생각이 떠나질 않았다. 그렇게 공공미술사업은 숱한 숙제를 남기고 끝났다. 일상으로 스며드는 예술문화기획이란 대체 무엇인가? 우리가 살고 있는 도시의 일상공간을 어떻게 이해해야만 하는가? 사람들의 살이와 공간은 어떻게 연결되어 있는가? 도시재생사업은 궁극적으로 무엇을 지향해야 하는가? 함께 사는 공동체를 만든다는 것은 무엇을 의미하며 그 공동체를 만들기 위해 무엇을 해야만 하는기?

사업이 끝나는 2010년 이후부터 공공미술을 비롯한 마을만들기, 도시재생사업은 늘어났다. 부산 원도심(중앙동)에는 문화예술촌인 또따또가도 자리를 잡아갔다. 바람 부는 마른들에 불길이 퍼지듯 이 사업들은 번져갔고 그에 따라 원도심에는 많은 실천들이 있었다. 그러나 이 실천들을 비판적으로 살피려는 실제 움직임은 없는 편이다. 여기저기서 우려하는 목소리를 내지만 사람들은 이 소리들을 본격적으로 공론화하지 않고 있다. 이러한 상황은 자본주의 도시의 모순을 한층 더 부추길 수 있다.

『부산 원도심에서 사람을 만나다』는 미비하나마 이 문제를 고민마하는 과정에 있다. 이 책에서는 도시의 일상공간을 생산하는 방식, 삶의 공간과 관계하는 사람들의 다양한 힘들을 다룬다. 오늘날 우리가 살고 있는 자본주의 사회에서 삶의 공간들, 도시 공간들을 생산하는 방식에 얽힌 다양한 힘들을 분석함으로써 도시를 사람들이 살기 적절한 공간으로 만드는 일, 그러한 공동체를 생산하는 일을 그려보고자 하는 것이다. 이 작업이 자본주의가 생산한 모든 영역의 모순이 지양될 수 있는 일말의 가능성이라도 찾을 수 있기를 희망한다. 비록 이 희망이 구체적으로 우리 앞에 드러난 것은 아닐지라도, 그 작업을 진행하는 일이 그 희망 곁으로 다가가려는 몸짓이라는 것은 부정할 수 없다.

이 몸짓은 우리를 유토피아가 아닌 에우토피아로 데려간다. 그리스어 'u'에는 두 가지 의미가 있다. '없는'을 의미하는 oὐ(not)와 '좋은'을 의미하는 εὖ(good)가 그것이다. 즉 유토피아는 없는 장소를 가리키기도 하고 좋은 장소를 의미하는 반면 에우토피아에는 있어야 할 유토피아, 구현해야 할 좋은 장소를 의미한다. 어디에도 없는 장소인 유토피아가 아닌 우리 곁의 좋은 장소인 에우토피아를 그리는 작업은 결코 뜬구름 잡는 일이 아닐 것이다. 특정한 이만을 위한 유토피아가 아닌 다수의 에우토피아를 구성하는 일을 함께 그리는 일은 현대 도시사회에 사는 이의 권리다.

부산
원도심에
부는
바람들

도시인에게 도시는 삶의 터전이자 자신의 존재를 드러내는 관계의 장소다. 도시는 어떻게 생산되는가? 어떤 체제든 사람이 살 수 있는 공간을 생산해야 하는데 이 공간의 생산 방식은 존재의 거주양식에 아주 지대한 영향을 미친다. 자본주의체제는 근대 도시공간, 도시사회, 도시생활, 도시인을 생산하며 현실적으로 존재해 왔다. 오늘날 자본주의인, 신자유주의는 이전의 자본주의보다 더 혹독하고 철저하게 가난을 생산하며 공간과 사람을 착취하는 구조라는 것은 공공연한 사실이다. 또한, 자본주의는 모든 이들을 행복하게 만들려는 체제가 아니라 노동자 · 대중 · 서민을 딛고 승승장구하려는 소수 자본가계급을 위한 체제라는 것도 자명하다. 도시 빈곤을 생산하며 번영을 구가하던 자본주의는 이미 200여 년 전부터 공동체사회를 위협하는 부조리한 문제를 축적해 왔다.

그런가 하면 이 문제를 해결하려는 사람들도 도시에 나타나기 시작했다. 자본주의를 전면적으로 거부하고 새로운 사회를 만들어야 한다는 혁명가, 이 체제를 차츰 수정해가며 문제를 해결하려는 개혁가, 자신들의 삶을 궁지로 모는 사회에 반기를 드는 봉기자, 노동운동가, 사적소유 폐지를 외치는 공산주의자, 정의로운 분배로 빈곤을 구제하려는 사회주의자, 희망의 공동체를 직접 실현하고자 했던 유토피안 등. 인간답게 함께 잘 살 수 있는 도시를 만들려 고민하고 그런 도시를 구현하고자 고군분투

했던 사람들이 있었다. 또 자본주의 도시에는 도시공간을 자본증식의 도구로 보는 힘들 그리고 도시를 사람들이 행복하게 살 수 있는 공간으로 만들려는 힘들이 있었다. 이 상반된 힘들의 겨루기는 도시공동체를 때로는 유토피아에 더 가까운 것으로 때로는 디스토피아에 더 가까운 것으로 만들었다. 도시 공간, 도시사회는 이 상반된 힘들 혹은 여러 힘들이 얽히는 가운데 생산된다.

오늘날 신자유주의는 도시공동체를 특정한 이들을 위한 유토피아로 생산하고 있다. 문제는 특정한 이들을 위한 이 유토피아는 많은 이의 디스토피아를 생산하며 현실화된다는 사실이다. 이 유토피아와 디스토피아는 구조적으로 연결되어 있다. 다수의 디스토피아를 통해 소수의 유토피아를 만드는 이 체제는 도시 공간에서도 잘 드러난다. 도시에는 빈 공간이 늘어가고, 건물을 허물고 짓는 일이 빠른 속도로 반복된다. 그래서 도시는 늘 건축 중이다. "도시공간의 생산은, 특히 도시화의 생산은 자본주의에서 매우 큰 사업이 되었다. 그것은 자본잉여가 흡수되는 중요한 수단 가운데 하나다. 전체 노동력 중 상당한 부분이 건축 환경을 만들어내고 유지하는 일에 고용된다. 이와 관련된 대규모의 자본, 흔히 장기대출의 형태를 띤 자본이 도시재개발과정에 투입된다(데이비드 하비, 201: 237)." 이 과정에서 영세 상인들이 설 공간은 사라지고 대기업 체인점이 늘어간다. 그리고 구도시의 도시 공동화현상은 자본주의 고질적인 문제가 되었다. 도시 공동화는 대다수 도시 서민의 거주공간이 불안정하게 생산되고 있으며 이에 따라 이들의 생활이나 생존도 불안정하게 생산되고 있다는 사실을 알려 준다.

자본주의 지배세력은 매번 새로운 희생양을 찾아 그 위기를 봉합한다. 전쟁을 일으켰고, 일상공간을 식민화하고 노동계급 주체끼리 경쟁해야만 살아남을 수 있는 구도를 만들어 노동자 계급성을 해체하기 시작했다. 또 세계 대부분 도시공간을 자본증식을 위한 본격적인 경쟁체제로 편입시켰다. 그리하여 소수자본가를 제외한 모든 이의 일상 전반, 모든 이의 삶과 관련된 가치들에서 이윤을 '탈취'한다. 이처럼 자본주의가 진행될수록 축적되는 부(富)는 특정한 이들에게 집중되고 대다수 사람의 사람살이는 점점 더 각박해진다. 오늘날 신자유주의에는 이 모든 모순이 중층적으로 구조화되어 있다. 서구사회에서 1세기 이상 진행되어온 이러한 모순구조를 한국은 거의 30~40년 동안 압축적으로 구축했다. 국가가 주도한 빠른 경제성장으로 공간 개발이 빠른 속도로 진행되었고, 오늘날과 같은 한국 도시 모양새를 생산했고 그에 따른 부작용도 생산한 것이다.

한국은 "고용안정, 산업의 균형적 발전, 사회적 안녕과 복지를 희생" 하면서 신자유주의 흐름 속으로 뛰어 들었다. 그 대가로 한국사회는 "금융 불안정, 금융종속과 대외의존, 성장잠재력 저하, 소득분배구조의 악화, 양극화의 심화라는 수렁에 빠"졌다(지주형, 2011: 477~478). "사무직에서는 40대 퇴직이나 잦은 이직이 거의 규범이 되고, 노무직은 상시적으로 해고 위협에 시달리고, 신규 고용의 질은 악화되고, 20대 청년실업은 증가하게 되었다. 그 결과 취업자와 실직자, 정규직과 비정규직 사이의 노동 양극화는 심화되었다(지주형, 2011: 479)." 사회 양극화는 도시공간 양극화(신도시, 뉴타운과 구도시)에서도 고스란히 드러난다. 신자유주의는 점차적으로 양극화를 심화시키고, 고용 상태는 악화일로惡化—路로 나아간다. 서민들의 거주권리, 거주공간, 일상적 삶이 훼손당한다. 한국 도시 구석구석에서 이러한 문제들이 발생하고 있음에도, 세계의 다른 도시와 달리 거대한 봉기는 일어나지 않고 있다. 설령, 봉기가 일어나더라도 국가가 나서서 이를 해결해 준다. 여기저기서 산발적인 저항이 있더라도, 사람들은 이를 그저 개인의 문제로만, 가난한 자들이 재산을 축적하려는 욕망으로만 이해하고 특정한 지역(빈곤지역)문제라고 생각하는 경향이 짙다. 그러니 봉기할 수밖에 없는 자의 목소리는 들리지 않는다.

그럼에도 공간은 개발될수록 좋을 것이라는 사실에, 사람들은 대체로 동의한다. 이 '동의'가 간과해 버린 신자유주의 모순은 언제부터인가 우리 삶에서 자연스러운 것이 되어 버렸다. 경쟁력을 강조하는 신자유주의의 최우선 과제는 성장과 개발이다. "무엇이든 경쟁과 경쟁력을 극대화할 목적으로, 그리고 시장 원리가 삶의 모든 모습에 스며들게 할 목적으로" 신자유주의 헤게모니는 작동한다(가이 스탠딩: 2014, 10). 신자유주의는 이미 1970년대 중반부터 우리의 골목으로, 그리고 지역 공동체로 조금씩 스며들기 시작했다. 이 신자유주의는 '세계화'라는 문화적 키워드로 지구촌 구석구석으로 그리고 사람들의 일상생활로 시나브로 확산되었다. 70·80년대 처음 우리나라에 들어오기 시작한 근대화슈퍼체인은 이전 골목에 있던 점방(구멍가게)을 내몰고 새로운 경영, 새로운 유통혁명으로 자리 잡았다. 연쇄점에서 슈퍼로, 슈퍼에서 마트로, 마트에서 편의점에 이르기까지, 오늘날 우리의 골목은 대기업의 대리점이 전유하고 있다. 이에 따라 우리의 소비패턴 또한 변하고, 우리의 인식도 함께 변한다. 그 동네에 편의점, 대기업 브랜드 체인점이 있느냐 없느냐는 그 곳이 얼마나 성장한 공간인가를 알려주는 기준으로 작동한다. 진열된 상품을 정찰가로 구입하는 것이 세련된 소비주체의 수행덕목이 된다. 오래된 주택보다는 평수 큰 아파트에 사는 것이 좀 더 도시인답다고 느낀다.

한국 도시공간에는 토건적 개발정책으로 지은 아파트가 빼곡하게 들어 차 있다. "이처럼 아파트를 마구 지어 올리는 것은 건설사의 잇속 때문이며, 권력이 그에 유착되어 있기 때문이다. 이를 위해 아파트 건설과

분양 중심의 주택정책, 아파트 찬양 일색의 광고, 재개발 자체를 공익으로 간주하는 법령과 성찰 없이 그를 추수 追隨 하는 공공기관의 해석 등이 유기적으로 기능하고 있음은 물론이다(SSK공간주권 연구팀 엮음: 2013, 15~16)." "오늘날 아파트 주거는 건설업자들에게는 엄청난 개발이익과 이윤을 챙길 수 있도록 했지만, 철거된 원주민들이 도시의 지하셋방이나 달동네, 판자촌, 도시 외곽의 비닐하우스 등을 전전하게 했다. 그뿐만 아니라 대도시나 지방의 중소도시를 불문하고 아파트단지가 급속히 확산되면서, 지역의 자연환경을 파괴한 후 그 지역의 특성을 무시한 채 단조로운 콘크리트 건축물을 쌓아 올린 경관을 만들어 냈다. 획일적인 평면의 아파트 속에서 살아가는 사람들의 생활양식도 거의 획일적으로 변해갔다. 현대 도시사회의 배타성과 폐쇄성은 주거의 대량생산 및 집중 건설로 인한 사생활 침해에 대한 우려를 고려한 아파트 설계로 더욱 조장되었다. 그 결과 전통적 농촌마을에서 볼 수 있었던 이웃 간의 생동감 있는 교류는 상실되었다(최병두, 2009: 47)."

세련된 도시인이 되려면 빠르게 변화하는 공간과 도시의 새로운 문화에 적응해야만 한다. 이처럼 도시생활의 소비패턴에 변형이 일어나고 일상생활은 점점 이러한 소비패턴에 젖어간다. 이 양상은 오늘날 도시화의 한 단면이다. 우리는 새로운 소비패턴이 나의 삶을, 그리고 함께 하는 공동체의 삶을 어떤 방향으로 몰아가는가를 생각해보기 이전에 이 소비패턴을 좀 더 나은 삶, 앞서가는 삶, 성공한 삶의 지표로 받아들인다. 그 속에서 우리는 사라진 공간에 존재했던 사람들보다는 새로 생긴 공간을 더 궁금해 한다. 새로운 공간은 이 사회의 발전을 보여주는 척도라고 생각하고 낡아버린 공간은 곧 새 공간으로 변모하는 것이 마땅하다고 여긴다. 공간을 경제적인 지표로만 이해하는 사람들은 이러한 공간생산이 파괴하고 있는 것은 어지간해서 보려 하지 않는다.

신자유주의 디스토피아는 도심 공동화현상이 확산되는 것으로 그 모습을 드러내고 있다. 이에 공동화현상을 막으려는 움직임도 늘어가고 있다. 서구에서 구도심문제가 나타나기 시작한 것은 산업구조가 세계적으로 변경되기 시작한 1970년대 초반 무렵이다. 산업화가 먼저 시작된 유럽 대도시 중심부에서부터 이 문제는 불거지기 시작했다. 국가 개입으로 신도시가 생산되고 도시 중심(부)은 이동한다. 이 이동으로 처음 형성된 도심기능은 점차 축소되고 이 공간이 폐허로 변해가자, 이는 도시의 고질적인 문제로 부각된다. 이러한 현상 이면에는 자본주의 불평등 소유관계가 불러온 갈등, 자본 친화적인 정부의 정책이 있다. 이후 세계적으로 확산되는 신자유주의화와 더불어 도시는 꾸준히 "누적된 유휴자본을 흡수할 수 있는 주요한 장이 되었"으며 대규모 건설 프로젝트가 도시 곳곳에서 진행되었다. 이는 국가를 넘어 점점 더 불평등해지는 소유관계, 공간 관계를 지속적으로 생산하는 구조를 만들었고, 이러한 공간생산은 구도심 문제를 생산하고 확산하였다. 오래된 공간은 낡은 것으로 치부하고 새로운 공간을 더욱 선호하는 우리의 의식은 장소들 사이의 일방적인 대화, 위계적이고 수직적인 대화를 생산하게 된다. 이러한 대화 속에서 수많은 이는 자신의 공간, 자신의 장소를 만드 데 거의 개입할 수 없으며 거주하기는 불안정할 수밖에 없다. 구도심 문제에는 도시의 이러한 고질병이 자리잡고 있다.

한국 구도심 문제는 서구 사례처럼 하나의 도시가 광범위하게 공동화되거나 슬럼화되는 것으로 드러나지는 않는다. 한국 구도심 대부분은 일제 강점기에 제국적 자본 축적을 위한 수단으로 생산된 곳이다. 이 구도심은 자본의 폭력적 공간쓰기를 보여주는 증거의 공간이자, 자본주의의 모순이 드러나는 공간이다. 또 (신)도시와 구도심 사이의 거리는 서구 사회만큼 멀리 떨어져 있지 않다. 우리는 지척에 있는 이 구도심들에서 자본주의적 폭력의 역사를 확인할 수 있다. 한국 구도심들은 2000년 중반부터 도시재생 대상지가 된다. 이 과정에서 구도심은 원도심이 되고, 구도심 재생이 아닌 원도심재생이라는 말이 더 쓰인다. 도시재생 이면에는 지역균형발전이라는 노무현 정부의 목표아래 지자체를 중심으로 전략적 도시개발이라는 사업이 있었다. 혁신도시, 기업도시는 도시개발의 주된 전략이었다. 예를 들어 2000년대 중반, 수도권 지역에서 일어난 도시 재개발사업과 뉴타운개발 사업은 오늘날 한국 도시개발의 구조적 문제를 확연하게 드러낸다. ""도시 저소득주민의 주거환경개선을 위한 임시조치법"의 일부 내용과 더불어 부동산자본의 금융화를 촉진하는 정책 등"이 이러한 사업을 합법적으로 지원했다(최병두, 2011: 466). 그런데 이 과정에서 "의사결정과정 및 이해관계의 배분에서 세입자 등 원주민들의 참여를 배제했을 뿐만 아니라 전반적으로 주택 및 토지 가격의 폭등"이 일어났다(최병두, 같은 글: 471). 이는 공간이 불평등하게 생산되는 데에 국가가 정책적으로 개입하고 있다는 사실을 보여준다. 국가정책이 개입하는 가운데, 합법적으로 불평등하게 진행되는 사업이 거주민들을 철저하게 배제한다는 것은 한국식 신자유주의 도시개발이 생산한 심각한 문제다. 원도심 재생문제 또한 근본적으로, 이러한 신자유주의 도시개발 구조 문제로부터 자유로울 수 없다.

'성장'이라는 명분 아래 생산되는 도시공간은 특정 계급의 헤게모니를 지원한다. '도시 기업주의'●1● 방식으로 생산되는 도시공간은 '창조적 파괴'의 양상을 띤다. 창조적 파괴는 도시를 재생하는 과정에서 사용가치가 남아 있는 공간을 새로운 공간으로 바꾸는 과정을 말하는데, 이 과정

●1● 도시 기업 주의란 지방(또는 도시)정부 나아가 도시의 다양한 운영주체들이 도시의 경제적 부의 축적과 이를 위한 혁신적 활동을 지원하는 제도적 구조와 전략들의 추진 과정을 의미한다(최병두, 2012: 84). 도시 기업주의는 지난 수십 년 동안 국내적으로나 국제적으로 중요했다. 도시기업주의라는 말은 도시 거버넌스 내부에서 나타나는 다음의 행동 패턴을 의미한다. 즉, 공적권력(지역, 대도시권, 지방, 국가, 초국가마다 수준별로 공적 권력이 존재한다), 시민사회의 다양한 조직(상공회의소, 조합, 교회, 교육기관, 지역단체, NGO 등), 사적 이익집단(기업 및 개인 단위 이익집단)이 세 가지를 하나로 묶어 일정한 유형의 도시 개발과 지역개발을 촉진하고 관리하는 도시 거버넌스 방식을 말한다. 많은 문헌이 거버넌스 시스템('도시 레짐', '성장 머신', '지역 성장연합'등으로 알려져 있다)의 형태, 활동, 목표는 지역이 어떤 상황에 있는지, 또 지역 내부에서 움직이는 여러 세력이 결합한 방식에 따라 얼마나 다른지 보여준다(데이비드 하비, 2014: 180).

에서 잉여자본이 발생한다. 하비는 이 잉여자본을 생산하기 위해 '창조적 파괴'를 동반한 "도시의 재구조화가 여러 차례 반복되는 것"을 "도시 변화를 통한 잉여 흡수의 어두운 측면"이라고 한다(데이비드 하비, 2012: 250). "이 창조적 파괴는 도시 재구조화의 기회로서 위기의 중요성을 강조한다. 이 과정에서 주로 고통받는 이들은 보통 불우하고 정치권력에서 소외된 빈곤층이기 때문에 그것은 계급적 차원을" 가진다(데이비드 하비, 같은 쪽).

도시기업주의로 생산되는 잉여자본은 도시인들에게 동등하게 분배되지 않는다. 게다가 도시개발에 따른 피해는 고스란히 빈곤계층으로 전가된다는 것은 심각한 문제다. 이는 도시개발, 도시재생이 가난한 노동자계층, 소외계층 주거지를 착취하는 것을 동반한다. 이는 하비가 말하는 탈취에 의한 축적 accumulation by dispossession 이다.●2● 원도심 문제를 해결하려 채택한 도시재생은 대부분 도시기업주의적 방식을 따른다. 전면적 도시개발의 도시재생이든, 문화를 통한 도시재생이든 그러한 경향이 상하다. 이러한 도시재생은 원도심 거주민 삶을 우선적으로 보호해주지 못한다. 자본주의의 강력한 재생산 방식 중 하나인 토지자산을 둘러싼 소유관계는 도시를 제대로 재생시키는 데, 걸림돌로 작동하지만 이 문제를 해결하려는 대비책은 없다. 도시재생으로 도시 공간은 화려하게 부활할지는

●2● 이는 맑스가 자본주의 출현 시 "원시적" 혹은 "본원적"으로 다뤘던 축적 행위들의 연속성과 확산성을 말하는 것이다. 땅의 상품화와 사유화, 그리고 (최근 멕시코와 인도에서 있었던) 농민들의 매정한 방출. 다양한 형태의 소유권들(공유, 집합, 국가 소유 등등)의 배타적인 사적 소유권으로의 전환과 공유권의 폐지. 노동력의 상품화와 대안적인(자생적인) 생산 및 소비 형태들의 억압. (자연자원을 포함한) 자산들이 식민주의주의, 신식민지주의 제국주의적인 전유, 특히 토지 부문에서 교환과 세금의 화폐화. (특히 성산업에서 계속되고 있는) 노예교역, 고리대금, 국가 부채, 가장 황폐화시키는 신용시스템의 활용, 강탈에 의한 축적은 원시적 축적의 급진적 수단으로서의 이 모든 것들을 포함한다. 폭력을 독점하고, 적법성을 결정하는 국가가 이런 과정들을 지원함과 동시에 조장하는 중요한 역할을 수행한다(데이비드 하비, 2010: 67).

모르지만 그 공간에 있던 사람은 그 공간으로부터 분리되어 추방되는 것이 현실이다. 따라서 우리가 살고 있는 도시를 생산하는 방식, 도시를 개발하고 재생하는 방식을 또 다른 관점에서 파악해야만 하는 현실과 마주하고 있다. 이 현실은 자본주의의 경제체제를 대체하는 새로운 전망으로 이 문제에 비판적으로 접근할 것을 우리에게 이야기한다.

부산 원도심 재생 프로젝트들도 이러한 문제에서 자유로울 수 없다. 부산 원도심 프로젝트란 무엇인가? 이 질문에는 세 가지 문제가 엮여 있다. 첫째, 이제는 오래된 부산의 일부 지역을 원도심이라 부르는 문제. 둘째, 이 원도심재생과 관련된 여러 기획들의 문제. 셋째로 현재 원도심에서 일어나는 일련의 상황들을 이해하는 시선의 문제를 들 수 있다. 현재 원도심이라 부르는 지역은 부산의 중구와 영도구, 동구와 서구 등을 이른다. "역사적으로 부산부였던 지역을 통틀어 부를 때 사용된다. 현대적 도시로서의 부산이 처음 번성했던 부산항 인근 지역에 해당한다. 옛 '구舊'를 써서 구도심이라고 하기도 하는데 이는 과거에는 이 지역(특히 중구)이 부산 전체의 확고한 도심이었으나 시가지가 확장되면서 서면, 연산동 등 새로운 상권의 대두로 몰락한 과거의 도심이라는 뉘앙스가" 짙다(나무위키). 이처럼 구도심이라는 표현에는 이제 좋은 때를 다 보내고 낡고 오래된 도심이라는 의미가 있다. 그러다가 어느 틈엔가 구도심은 사라지고 원도심이라는 표현이 더 익숙한 것이 되었다.

지금 우리가 원도심이라고 부르는 지역을 언제부터 원도심이라 지칭하기 시작했는지는 정확하게 알 수 없다. 중구 광복동 일대의 상권이 약화되기 시작하면서 원도심 쇠퇴는 사람들의 입에 오르내리기 시작했다. 흔히 사람들이 도시가 쇠퇴한다는 표현을 쓸 때, 이는 그곳이 경제적, 문화적, 정치적 중심으로서 제 기능을 하지 못하고 있다는 것을 의미한다. 1960년대 광복동을 중심으로 한 부산은 거듭되는 도시개발로 확장되었다. 70년대 부도심으로 생산되었던 서면은 90년대 이르러 광복동과 함께 부산 도시의 중심이 된다. 부산시청이 연산동으로 이동하고, 해운대와 연산동이 부도심으로 생산되면서 2000년대 부산 도시공간은 2도심 2부도심의 형태를 갖춘다. 도시 공간이 확장되면서 원래 존재하던 도시의 중심이 다른 곳으로 이전된다. 이러한 도시개발은 기존 도시 중심성을 약화시키는 계기가 되었다. 특히 1998년 부산시청이 연산동으로 이전하는 것으로 광복동 일대의 상권은 크게 약화되었다. 뿐만 아니라 2004년 성매매금지법으로 완월동이 문을 닫고●3●, 2005년 신항만 건설에 따른 북항 이전 계획 등은 현재 원도심이라 부르는 공간이 변화하는 데 큰 요인으로 작동한다.

이런 가운데, 2004년 말부터 부산 언론에는 '원도심권'이라는 용어가 등

●3● 2004년 노무현대통령이 지시로 입안된 성매매금지법은 완월동이 더 이상 영업을 할 수 없도록 만든다. 한 때는 아시아 최대 규모의 성매매 집장촌이었던 완월동에는 관광객의 발걸음을 줄어들었고 그로 인해 그 주변 골목상권 또한 얼어붙었다. 중앙동 근처, 일본인 거리 골목에서 포장마차를 하던 이는 IMF가 터지고 시청이 이전해도 줄지 않던 손님들이 완월동이 단속받자 줄어들었다고 한다.

장한다. 그리고 2005년 초부터 '원도심 쇠퇴', '원도심 살리기'라는 기사가 빈번하게 나타난다. 부산에서 일어나는 각종 도시개발이 동부산과 서부산권에만 집중되는 것에 중구·동구·영도구·서구의 지자체들이 대응한 것이다. 부산이 균형적으로 발전해야 한다는 것을 주장하며 이 지역을 원도심권으로 묶는 걸 알 수 있다. 그런데 1990년대 후반까지 사용되던 용어인 구도심은 2000년 중반이 되면 어느새 원도심으로 바뀌어 있다.

왜 구도심이 아니고 원도심인가? 구도심에는 오래된 도시의 중심, 이미 낡아버린 도시의 중심이라는 의미가 담겨 있는 반면 원도심에는 구도심의 이러한 의미에 도심의 근원이자 기원이라는 의미가 더해진다. 즉 오래되었지만 우리가 보존해야 하는 도심, 부산의 오리지널리티 Originality 가 있는 도시의 중심이라는 의미가 덧붙는 것이다. 이어 쇠퇴하는 '원도심을 살려야 한다'는 주장은 좀 더 자연스러운 것이 되고 원도심은 부산의 역사, 부산성을 담은 근원적인 장소가 된다. 부산 원도심을 부산의 역사성, 부산성과 연결시키는 데는 나름의 이유가 있다. 부산도 현재 지구촌에서 과열되고 있는 경쟁으로부터 자유롭지 못하다. 부산에는 원도심 이외에도 정책적으로 지원해야 할 공간이 많다. 그러나 그 중에서 유독 '원도심 쇠퇴'를 부각하고 '원도심을 살리자'는 슬로건을 내세우는 것은 신자유주의 시대 경쟁력을 갖춰야 하는 도시의 운명과 닿아 있다. 부산의 독특한 지리적 환경 속에 원도심은 위치하고 있다. 원도심 환경과 그 역사성은 부산을 경쟁력 있는 곳으로 변화시키기에 적절한 요소라고 사람들은 믿는다. 이러한 분위기 속에서 현재 부산 원도심의 도시재생 프로젝트가 진행되고 있다. 그 중 기존의 공간에 배여 있는 장소성을 살리는 프로젝트가 부산 산복도로 르네상스 프로젝트다. 문화를 통해 도시를 재생하고자 하는 이 프로젝트들은, 부산의 역사 속에서 '좋았던 시절', '특정한 사건이나 인물'을 불러낸다. 그리하여 오늘 우리는 부산에서 무사히 잘 살고 있다는 것, 여기 부산에서 사는 것이 행복하다는 마음을 사람들에게 심어주는 일에 집중한다. 이와 동시에 도시재생 프로젝트는 부산이 어떤 미래로 나아가야 하는지를 일러준다. 많은 이에게 부산만이 가질 수 있는 '부산성'을 각인할수록 도시재생프로젝트는 성공적인 일로 평가받는다. 그리고 이 프로젝트가 성공할수록 부산 도시 공동체 구성원인 주체가 도시에서 느끼는 불만은 '부산인'을 확인하는 것으로 봉합된다.

이러한 원도심재생 프로젝트는 부산성을 '선택'하고 '주입'하는 작업이다. 문제는 누가 무엇을 '선택'하고 '주입'하는가와 "왜 그것을 '선택'하고 '주입'하는가'다. 원도심에서 이러한 부산성은 공간적으로 드러나고, 공간적으로 생산된다. 부산발전연구원에서는 망양로 일대를 부산에만 있는 특이한 풍경으로, 부산의 서민성을 잘 보여주는 곳으로 규정한다. 이에 동의하는 전문가와 관(官)은 이 공간을 어떻게 변형시킬 것인가를 연구하고 고민한다. 서민의 삶의 공간으로서, 그들의 일상을 재현하던 공간은 특정한 계층이 규정한 공간으로 다시 재탄생한다. 새로운 건물을 짓고 원래 있던 길을 새단장해 투어-길(예를 들어, ○○이바구길)을 만든다. 망양로 일대는 이렇게 해서 전문가와 관이 주도하는 공간적 재현으로 변형된다. 그 공간적 재현으로 망양로 일대는 서민들의 손길만이 아닌 새로운 이들의 생각이나 의도를 드러내는 공간으로 바뀐 것이다. 그렇다면 이 일상을 재현하던 공간에 특정한 이들의 공간적 재현이 더해지면서 어떤 모양새가 만들어졌는가? 르페브르의 이야기를 꾸어와 이 모양새를 이후 장들에서 구체적으로 그려볼 것인데. 먼저 그가 생산한 재현적 공간, 공간적 재현, 공간적 실천은 어떤 개념이며 또 이 언어들로 우리가 할 수 있는 이야기가 무엇인지 감感,sense 을 잡는 것도 좋겠다.

　이 글에서 자주 언급할 공간적 재현은 특정한 이들의 의도를 재현한 공간, 즉 개념적이고 이성적인 질서를 재현한 공간이다. 이에 반해 재현적 공간은 은유를 통해서만 드러날 수 있는 공간, 즉 개념적이고 이성적으로 규정할 수 없는 것을 드러내는 공간을 뜻하는데 현실의 몸이 재현적 공간의 대표적 예다. 공간적 재현은 이성으로 존재하는 개념의 공간을, 재현적 공간은 감각으로 존재하는 몸의 공간을 말한다. 이 두 공간이 공간적 실천 속에 중첩되어 있다. 즉 이 두 공간의 관계가 공간적 실천을 구성한다. 공간적 실천에서 시간과 공간은 어떻게 존재하는가. 우리는 시간을 이성적으로 계산하기도 하지만 이전에 시간을 몸으로 체험한다. 영희와 철수가 부산의 망양로를 걷기 시작했다고 가정해 보자. 걷기 전 시각은 오후 1시였다. 걷기가 끝나고 난 후 시계를 보니 오후 4시가 되었다. 철수와 영희는 세 시간 동안 걸은 셈이다. 세 시간은 측정된 시간이다. 두 사람이 걸은 이 시간은 각자의 몸이 체험한 것으로 존재한다. 세 시간 동안 걸었다는 표현은 누구에게나 전달이 쉬운 단선적인 표현이자 양적인 표현이다. 그러나 이 거리를 체험한 것을 어떻게 표현할까? 이 체험이 언어화되고 개념화된다면 생생한 감각이 박제화될 가능성이 크다. 어떤 은유로 그 감각을 표현하더라도 온전히 전달하기는 어렵다. 공간도 마찬가지다. 두 사람이 망양로를 걸었다는 표현은 개념적으로 그 공간을 표현한 것이다. 그러나 두 사람이 체험한 공간 역시 언어로 온전하게 전달하기는 어렵다. 두 사람은 같은 시간 동일한 공간을 걸었지만 이 두 사람의 체험은 분명 각기 다른 것이다. 공간(시간)은 이 두 사람의 각기 다른 체험이며, 그렇기 때문에 서로 다른 공간(시간)이 생산될 수 있다. 철수와 영희가 걸은 곳은 동일한 공간이면서 서로 다른, 차이나는 공간이기도 하다. 이 차이는 언어가 아니라 리듬으로 드러난다. 이 체험된 것들의 진수는 바로 리듬으로 드러나는 것이다. 리듬은 "보이지 않던 시 · 공간적 존재의 속살"을 드러내고 우리의 공간적 실천을 새로운 국면 입구에 데려다 놓는다.

이 이야기에 따르면 우리는 공간적 실천을 통해 존재하는데, 자본주의 사회에서 공간적 실천은 공간적 재현이 재현적 공간을 지배하는 경향으로 드러난다고 한다. 즉 이성적이고 합리적인 것이 이성적으로 계산할 수 없고, 합리적인 것으로 설명할 수 없는 존재를 부정하는 것이 당연하고 자연스러운 일이 된다. 특정한 때에 특정한 장소들에서 우리가 체험하는 리듬은 사회적 합의에 따라 통제되고 그러한 과정에서 몸의 다양한 체험은 부정되는 것이다. 근대를 설명하는 상징어 계몽이 이를 잘 보여준다. 소위, 개발도상국이나 후진국이 선진국을 성공모델로 삼아 따르는 것이 당연하고 아이가 어른을 따르는 것이 당연한 것처럼. 이 합리적인 것이 절대적 진리가 아니라 시대에 따라 구성된 것이고 심지어는 특정한 계급이나 계층의 이익에 따라 조성된 것이라면 이 합리성은 그자체로 다양한 차이의 리듬을 지우는 폭력이 된다. 자본주의 사회 특히 신자유주의 사회에서 소수의 사람이 많은 이의 노동, 그들의 삶, 그들의 거주공간을 뺏는 폭력을 국가가 합법적으로 만들어 주고 그것을 합리적이고 당연한 진실로 만든다는 것은 누구나 아는 사실이다. 자본주의의 도시계획 등으로 드러나는 공간적 재현은 많은 이의 다양한 몸을 하나의 논리로 지배하고 삭제하며 깎아 내는 형태로 드러난다.

두 다리가 있는 사람이 지배하는 사회 공간에서 다리 한 짝이 없는 사람은 공간을 마주할 때(공간적 실천을 할 때)마다 자신에게 무감한 불편한 사회를 감지할 수밖에 없다. 따라서 자본주의 사회가 불평등한 구조를 생산하는 사회라면 그런 사회에서 헤게모니를 가진 이들의 개념을 재현하는 공간은 바로 이 불평등을 확대재생산하는 기제가 된다. 그런데 중요한 것은 현실의 몸이 사라지지 않듯이, 부정된 몸 또한 사라지지 않고 존재한다. 두 다리를 가진 사람에게 합리적이고 편한 세상은 다리 한 짝인 사람에겐 불편하고 불합리한 세상이다. 즉 합리적인 세상이 불합리한 세상이라는 증거는 다리 한 짝인 사람의 몸에 있다.

다리 한 짝을 가진 사람이 당당하게 자신들도 편안하게 다닐 수 있는 공간을 요구한다면 어떤 일이 발생할 것인가? 르페브르에게는 이것이 바로 도시에서의 자주관리 autogestion 이자 도시권 운동 right to the city 이다. 자주관리는 도시, 거주공간을 생산할 수 있는 선택권을 전유 appropriation ●4● 하는 것이다. 이 자주관리, 도시권 운동은 자본주의 도시사회에 억압받는 수많은 존재들, 수많은 차별들이 차이로 전환할 수 있고 그리하여 국가의 불합리한 권력을 무화시키는 수단이 되는 것이다. 하나의 논리가 다른 다

●4● 전유란 자신의 육체, 자신의 욕망, 자신의 시간을 타인에게 맡기는 것이 아니라 그것들을 스스로 장악하고 주체적으로 관리한다는 의미이다. 결국 소외되지 않은 인간, 자기 존재를 자기가 소유하고 있는 인간을 말하는 것이다. 따라서 전유의 반대말은 강제가 된다. 자신의 존재를 자기가 소유하는 것이 아니라 타인의 의사에 따라 모든 것을 결정하므로, 그것은 강제일 수밖에 없다. '전유와 강제는 갈등적, 복합적 관계'라거나 '전유는 강제의 정복을 뜻한다', 혹은 '강제가 많을수록 전유는 줄어 든다'라는 구절들이 바로 전유와 강제의 반대항적 성격을 잘 보여주고 있다(르페브르, 2005: 39).

양한 가능성을 지배하거나 설득하는 사회가 동일하고 균등한 공간이자, 교환 가능한 이소토피아를 생산하는 통제된 사회라면 하나의 논리가 아닌 다양한 논리, 차이나는 감각을 지향하는 이질적인 공간인 헤테로토피아를 생산하는 사회는 조절 control 하는 사회라고 할 수 있다.

풀뿌리 민주주의를 지향하는 조절 control 은 기존의 국가 및 자본의 통제 아래 부정된 '차이들을 생산'하고 '조절'한다. 풀뿌리 민주주의를 지향하는 사회에서 노동자의 통제, 시민의 통제, 민주적 통제가 있는 것이 아니라 노동자의 조절, 시민의 조절, 민주적 조절만이 있다. 이 조절하는 사회에서는 아래로부터의 다양한 욕망들이 위계 없이 순환 circle 하며 도시를 타인을 포함한 자신들의 거주공간으로 만들려는 행위들이 활발하게 일어난다. 그리하여 자신이 속한 공동체 구성에 개입하는 도시정치, 풀뿌리 민주주의가 실현된다.

다시 이전의 질문으로 돌아가 보자. 서민들이 오랫동안 살아 왔던 삶의 공간에서 감행한 관과 전문가의 공간쓰기는 어떠한 형태로 드러나고 있는가? 기존 거주민의 일상과 전문가·관의 의도들은 어떤 관계를 형성하고 있는가? 이 물음은 '망양로 일대에 일어난 변화를 확인하러 간 우리는 그 곳에서 어떤 공간적 실천을 하게 되는가'로 이어진다. 궁극적으로 이러한 질문은 "이 프로젝트가 어떤 주체를 생산하고 어떤 공동체를 생산했는가? 그 공동체는 누구를 위한 공동체인가?"를 되묻게 만든다. 그리고 이 물음에 답하는 과정은 공동체 안의 서로 다른 성원의 욕망들을 순환 circle 시키는 작업이기도 하다. 원도심의 오리지널리티 Originality 는 유일무이한 것으로 원도심에서 보존하고 살려나가야 할 것을 판단하는 기준이 된다. 즉 원도심의 역사성에 가깝거나 원도심에서만 볼 수 있는 무엇인가를 발견하면 이는 그 자체로 부산을 대표하고 원도심의 특징을 드러내는 상징물이 된다. 백제창고가 사라지는 것은 원도심의 역사를 보존하지 못하는 우리의 문화적 수준을 드러내는 일이지만 부산 원도심에 살았던 이들의 오랜 애환의 장소인 초량돼지갈비골목이 없어지는 것은 그저 안타까운 일에 지나지 않는다. 오래된 세관을 복원하는 일에는 학계·문화계·행정계 등이 나서서 입을 모으지만, 오래된 노동자 건물이 없어지는 일에는 크게 관심을 가지지 않는다. 부산의 서민성을 보여주는 공간으로 원도심을 이야기하지만 정작 서민들이 무엇을 하고 살아왔는가 하는데는 그리고 이 관심을 공간적으로 드러내는 일에는, 원도심이 이후 어떤 공간으로 흐를지에는 열을 올리지 않는 듯하다.

부산 원도심의 오리지널리티를 구현하는 일은 현재 사람들이 살고 있는 원도심 공간을 변형하는 일이다. 그곳에서 살고 있는 사람들이 스스로 자신들의 삶의 공간을 꾸리는 일로 이 오리지널리티를 구현하는 것이 아니라면 여기에는 반드시 욕망의 충돌이 있기 마련이다. 그렇다면 우리는 이 욕망의 분출들, 충돌을 어떻게 바라보는가? 이 욕망들은 통제되어야 하는 것인가? 아니면 조절 control 되어야 하는 것인가? 관념적으로는 조절 되어야 하는 것이라고 이해하지만 현실적으로 우리의 몸은 이를 실천하 고 있는가? 특히 이 욕망이 드러나는 장소 한 가운데 있는 현재 원도심 프 로젝트 실행자들은 이를 어떻게 이해하고 있는가? 특정한 이들의 욕망을 일방적으로 주입시키고 있는 것은 아닌가? 본 글에서는 초량 이바구길을 따라 이 질문을 던진다. 즉 서민이 일상을 재현되던 공간에 관과 전문가 의 공간적 재현이 더해지면 이 공간이 어떻게 변형되고 있는지를 살펴보 려는 것이다.

부산 망양로 원도심 프로젝트가 무엇인지, 이 프로젝트로 드러나는 모 순이 무엇인지를 살펴보는 일은 우리가 살고 있는 도시, 부산을 이해할 수 있는 시야視野, 그리고 그 속에서 우리의 삶을 자발적으로 인도하는 길 이 무엇인지를 가늠하는 일이다. 도심을 살린다는 명분으로 국고國庫로 시행되는 각종 프로젝트들을 통해 이 공간이 다른 기득권들의 욕망을 채 울 수 있는 수단으로 변형되는 과정에서 이 곳 거주민들의 살림살이는 어 떻게 변화하고 있는가? 이 프로젝트들이 원도심 서민들의 공간을 또 다 른 방식으로 통제하는 전략이 되고 있지는 않는지, 이 전략을 통해 국가一

신자유주의의 폭력이 우리의 거주 공간, 일상생활 뿌리까지 스며들고 있는 것은 아닌지 따져 볼 필요가 있는 것이다.

신자유주의의 폭력이 특정 기득권을 구하기 위해 대다수 대중의 목숨을 담보로 하고 있다는 것은 이미 잘 알려진 사실이고 국가가 이러한 신자유주의를 지원하고 있는 것은 공공연한 비밀이다. 자본주의의 구조적 문제를 공간으로 폭로하고 있는 구도심으로 원도심. 이 공간의 문제를 역사적이고 문화적으로 해결해 보겠다는 의지에 불타는 행정가, 전문가들. 그리고 현재 원도심이라 불리는 곳에서 살고 있는 사람들. 이들의 욕망이 한꺼번에 드러나고 있는 곳이 오늘날 '부산 원도심의 모습'이다. 이 욕망들이 특정한 이의 욕망에 포섭되거나 흡수되지 않고 잘 순환될 수 있는 방법을 찾는 길은 이 원도심을 그리고 부산을 누구의 도시로 변형할 것인가와 관련된 중요한 문제다. 또한 이는 부산 도시를 우리가 함께 거주할 수 있는 공간으로 변형하는 길이며 외부의 자본으로 쑥대밭이 되는 거주 공간을 막아내는 길이자, 함께 살아가는 새로운 공동체를 구성하는 길이기도 하다. 이 길에서 신자유주의에 틈을 내고 원도심 공간이 많은 이의 새로운 공간으로 나아갈 수 있는 가능성을 만나게 될 것이다. 그 새로운 공간으로 들어가려면 부산 원도심을 오리지널리티가, 지배하는 공간이 아니라 많은 이의 욕망이 순환 circle 되고 조절 control 되는 공간으로 생산해야 한다.

　그렇게 생산된 원도심은 특정한 이들이 그리는 그림에 따라 재현되는 것이 아니다. 부산과 부산 원도심에서 살아 왔고, 살고 있으며, 살아 갈 이들. 그리고 행정과 도시 전문가들이 그려내고 생산한 부산원도심, 그리고 부산 . 이들 모두가 함께 만드는 조절의 공간에는 타인의 욕망에 귀를 기울이며 자신의 욕망을 표현하는 주체들이 있고 충돌하는 욕망을 조절하는 공동체들이 있고 풀뿌리 민주주의의가 있다. 도시에, 우리의 몸에 스며든 고정관념인 '사회적 합의' 그리고 도시를, 우리의 몸을 지배하는 통제와 맞설 때, 다수의 유토피아로 향한 길이 열린다. 도시에 살고 있는 구성원이 이 길 위로 오를 때, 도시는 특정한 이의 의도대로 생산된 곳이 아니라 우리 모두가 전유한 작품이 될 수 있다. 이러한 도시에는 자본주의 세계 어느 곳에나 있을 수 있는 동일한 장소만이 아니라 거주민이 삶을 표현하는 방식에 따라 다르게 드러나는 있는 장소가 있다.

부산 도심과
망양로
원도심이
만들어지기까지

'원도심을 재생시키자'는 '부산 산복도로 르네상스 프로젝트'의 궁극적 슬로건이다. 이 슬로건에 숨은 의미, 모순은 무엇인가. 이를 알아보려면 망양로-원도심 공간생산 과정을 부산도심 공간생산의 과정을 짚어 봐야 한다. 부산이라는 근대도시는 자본주의 도시사회를 생산하면서 시작했다. 특히 망양로 원도심이 어떤 공간으로 생산되었는가를 살펴보려면 부산 도심 생산의 시작을 이야기해야 한다. 이는 부산 공간생산의 역사 전체를 살펴보려는 것이 아니라 오늘날 망양로 원도심이 어떤 공간으로 생산되었는지를 알아보려는 것이다. 흔히 망양로 주변의 특성을 설명할 때 한국전쟁에서부터 시작한다. 그러나 공간생산이라는 측면에서 보자면 부산 망양로 주변은 원도심의 모순과 직접적으로 연결되어 있다. 이 모순은 식민지 도시의 근원적인 모순인 계급의 모순에서 시작된다. 부산 원도심의 모순과 관련된 망양로 원도심의 공간생산 과정은 부산 원도심의 모순을 드러내고 '원도심을 재생하자'는 '부산 산복도로 르네상스'의 슬로건이 직면한 모순도 드러낸다.

부산 도심, 번영의 공간과 빈곤의 공간

현, 부산원도심은 일제강점기에 생산되었던 부산항 주변지역을 이른다.

원도심 역사는 단순히 도시를 확장하는 공간기술 그리고 부산의 사건들과 직접적으로 관련된 것이 아니다. 원도심은 식민지적 자본축적을 위한 공간으로 조성된 곳이다. 일제가 조선을 식민지화할 수 있었던 것은 조선을 추상적 공간으로 재현하는 것, 즉 왜관(전관거류지)을 중심으로 부산을 자본축적을 위한 공간으로 재편하는 것이 가능했기 때문이다. 부산도

사진 1 _ 1890년경 부산항 [사진출처: 부경근대자료연구소]

시를 생산하는 수단을 일제가 장악함으로써 부산은 일본제국주의와 일본 자본가 계급의 자본축적을 위한 공간으로 생산된 것이다. 일제는 거류지를 중심으로 자국의 자본주의를 더욱 확대재생산하는 방식으로 폭력적인 공간쓰기를 감행한다.

1876년 강화도조약이 채결되자 일제는 초량왜관이 있던 자리를 일제의 전관거류지로 사용할 것을 조선에 제안했다. 일제는 거류지를 치외법권 지역으로 만든 다음 자국의 일본인들을 이곳으로 이주시켰다. 이 일본인 들은 "일제제국신민"의 자격으로 거류지의 토지를 거저나 다름없는 조건 으로 빌렸고, 빌린 "토지를 영대차지로 만들면서 소유권을 인정"받았다 (차철욱, 2006: 2). 일본은 제국주의를 실현하기 위해 한국의 여러 곳을 근 대적 도시공간으로 재편하기 시작한다. 부산이라는 도시공간도 이러한 연유로 생산되었다. 부산항 매축으로 일본은 부산도시를 본격적으로 만

사진 2 _ 1903년 부산지도 [사진출처: 부경근대자료연구소]

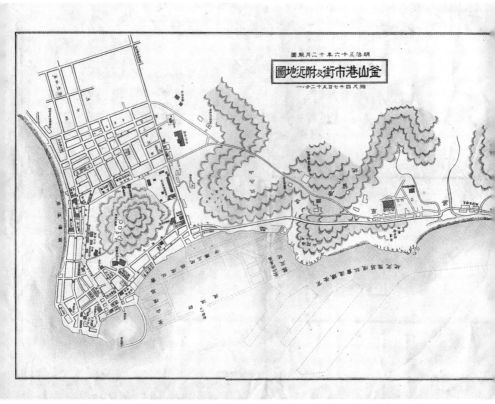

들기 시작하는데, 여기에는 일본의 몇몇 자본가들이 큰 역할을 맡고 있었다. 이 자본가들은 자본축적의 공간으로 인지하고 택지를 더 확보하기 위해 부산항매축을 기획한다. 매축은 자본가들에게는 자본을 일제정부에게는 대륙으로 진출하는 통로를 만들어 줄 수 있는 계기다. 1차 부산매축(1902~1905)으로 부산포, 부산진, 초량일대, 100만평 이상의 택지가 확보되었는데 이 매축에는 엄청난 수의 노동자들이 동원되었다. 1905년에는 북빈매립이 완공되고 경부철도, 부관연락선이 운행되었다. 일본에서 서울까지 가는 빠른 길이 뚫리면서, 일제가 대륙으로 세를 확장할 수 있는

사진 3 _ 1907년 부산지도 [사진출처: 부경근대자료연구소]

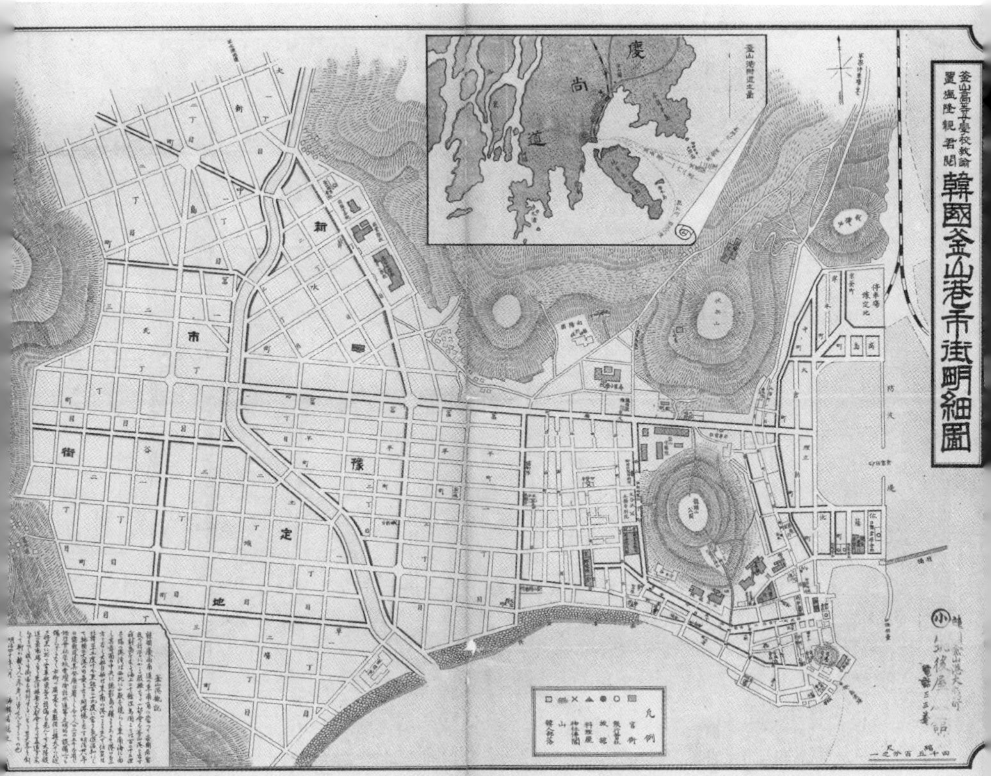

토대를 마련한다. 그리고 부산을 중심으로 몇몇 자본가들이 토지를 확보하고 자본축적의 터를 형성할 수 있는 토대도 마련한다. 나아가 부산의 공간들은 점점 더 열악한 환경으로 자본가들의 잉여가치를 생산하는 도구로 전락할 계기로 접어든다.

더 안정적인 자본축적, 상품시장을 확보하기 위한 전략으로 일제는 1906년 일한상품박람회를 개최한다. 한국에서 처음 열린 이 일한상품박람회는 '소비자 겸 식민지인'을 확보하기 위한 것이었다. 주최 측은 "한국 소비자의 생활방식을 분석하고 주민들이 소비자로 거듭날 수 있는 생활방식을 유도한다." "迫間會頭(박간방태랑)가 상품진열관을 만든 목적은 일제 상품의 소개 선전에 있던 한편, 조선 부인이 외출을 싫어하는 것을 타파할 방법으로 옛날 관습을 지키는 조선부인에게 신지식과 일제 상품을 이해시켜 내선융화책에 일조하기 위해 진열관을 설립"한 것이다(조선상업회의소, 1912: 273~274). 용두산 밑에 개설한 상품진열관에 '부산일제

사진 4 _ 1906년 상품진열관 [사진출처: 부경근대자료연구소]

The Exhibition of Merchandise of Japan-corea.   日韓商品博覽會場

상품진열관'이라는 명칭을 붙인 것도 조선인 소비자를 호명하기 위한 것이자, 근대적 상품을 통해 일제의 문화가 '앞선 문화'라는 사실을 시각적으로 홍보하기 위한 것이다.

박람회 진행측은 "전시품을 화려하게 만들고, 설명에 한국어를 사용하고, 한국인 관람객을 위해, 특히 부녀자를 위해 한국 부인을 도우미로 고용하는 등 조선인에게 편의를 제공"하였다(차철욱: 2007, 243). 이는 일제의 자본축적을 위한 부산항 매립을 부산 혹은 한국의 선진화로 선전하는 효과를 내기도 한다. 한국인, 특히 부산에 사는 사람은 박람회를 신문물의 신세계를 상징하는 것으로 지각했다. 박람회를 구성하는 방식은 부산이 일제를 배워야 하고 따라야 하는 근대문화의 전도사라는 이데올로기를 생산하고, 이에 적극적이고 자발적으로 응답하는 주체만이 선진문화를 수용하는 '이'라는 이데올로기를 생산하려는 시도였다. 상품박람회는 일본이 한국 지배의 헤게모니를 잡기 위해 구사한 문화적 전략이라 할 수

사진 5 _ 1928년 발달된 서부시가 [사진출처: 부경근대자료연구소]

있다. 즉 부산인에게 상품 세계가 생산하는 판타스마고리아 phantasmagoria, 주마등 를 선전함으로써 부산을 근대적 소비도시로 만들 수 있는 길을 닦는 것이다.

일한상품박람회는 일제가 정치적·경제적 지배권을 확보하는 계기가 된다. 이는 통감부설치를 부산사람들이 현실로 받아들이도록 만든다. 통감부는 일제가 부산을 도시화하고 지배하기 위해서 필요한 것이었다. 땅을 평면화하고 분할해서 자본화하는 공간적 재현을 통해, 사람들이 그 공간을 자연스럽고 새로운 문물로 받아들이게 만드는 전략을 통해 일제 자본주의를 강화하고 한국자본주의를 일제자본주의, 세계자본주의 공간생산체계로 끌어들이게 된다. 통감부는 일제거류지에 학교, 신사, 병원, 유곽 등의 근대시설을 만들고 위생관리를 철저히 한다. 일제의 이러한 공간적 재현은 자연적으로 기존의 조선인 마을을 낙후되고 후진적인 공간으로 지각하도록 한다. 이러한 근대적 시설은 '위생'이라는 관념을 통해 근대적인 선진 공간과 후진적인 공간으로 부산을 분리하기 시작했다.

한일병합(1910) 후 일제는 거류지, 개항장을 중심으로 도시를 개발하고자 부산부(1914)제를 실시한다. 즉 개항장을 중심으로 인구, 교통, 자본, 정치, 경제, 문화들을 집중시키기 시작한 것이다. 부산부제 실시로 "종래 거류지에서 토지를 중심으로 부를 축적해 오던 소수 대토지 자본가들은 새로운 중심지로 부상한 부산부의 도시가치 상승에 대한 부가효과를 누릴 수 있게" 된다(김경남, 2003: 59). "일본인들은 일제에서의 자본주의 경험을 통해 조선의 자본집중의 흐름을 조선인들보다 먼저 간파하여 재빨리 대처하였기 때문에(김경남, 같은 쪽)" 그들은 토지와 자본을 독점할 수 있었다. 진주에 있던 경남도청을 부산으로 이전하는 정책은 부산을 행정의 중심지로 만들었고 부산 도시화를 더욱 빠르게 진행시켰다. 부산의 식민지는 부산 공간이 일제자본가계급, 일제행정의 도시로 재현되는 것으로 드러난다.

조선방적회사를 설립(1917)하고 경남도청을 부산부로 이전(1925)하는 것은 부산공간을 일본자본 및 행정중심으로 만드는 계기가 된다. 경남도청 이전은 일제에게는 부산항 중심의 행정체계를 갖추도록 하고 일본자본가에게는 자본을 축적할 수 있는 또 한 번의 계기를 제공한다. 1920년대는 부산지역에 공장이 하나둘 생겨나기 시작하는데 그 대표적인 공장이 조선방적회사(1917)다. 부산항 매립과 도청 이전으로 부산 도시화는 가중되고 그 결과 주거지가 분화된다. 경남도청을 옮기는 것으로 부산의 인구는 계속 늘어난다. "1924년에 82,392명이던 인구는 1930년에는 13만 명으로 증가한다. 증가하는 인구에서 조선인은 2배로 늘어나는데, 이 늘어난 조선인은 대부분 영세민이었다(김경남, 2003: 74)." "도시 중심지인 부평정 · 대청정 · 복전정 · 서정 · 행정 · 남빈정 · 변천정 · 영정에는 대부분의 일본인이 거주하였고 남부민정 · 곡정 · 대신정 · 영주정 · 좌천정 · 범일정 · 청학동 · 동삼동에는 대부분 조선인이 거주하였다(김경남, 2003: 78쪽 참조)." 영주정 · 좌천정 · 범일정은 오늘날 동구에 해당하는 지역이다.

〈사진6〉은 부산부에서 발행한 명소교통그림지도이다. 1929년에 발행된 것으로 아직 영도다리가 만들어지기 전이다. 1906년 지도보다는 도시가 많이 개발되어 있다. 지도 왼쪽 편에는 거류지를 중심으로 반듯하게 정리된 시가지가 있고, 이 시가지는 오른편으로 확장된다. 그리고 그 주변의 산 아래나 위로는 집들이 다닥다닥 붙어 있는 걸 볼 수 있다. "1910년 양산 착평공사와 축항 제1기공사가 이루어지는 시점에는 노동자들의 주거공간으로 대청정과 영주정의 산지가 발달했고, 초량과 부산진의 배후 산지는 1905년 경부선 부설로 평지에서 구축된 토착민에 의해 주거공간으로 형성되기 시작하여 1920년대 이후 초량 · 수정정 시구개정과 부

사진 6 _ 1929년 부산교통도회 원도심 부분 [사진출처: 부경근대자료연구소]

산진 매축공사가 이루어지면서 확대 발달하기 시작했다(오미일, 2013: 130)." 부두매축현장, 조선방적회사 당시 부산에 있던 공장으로 일하러 다니는 노동자들은 거의가 여기에 살았다.

"산동네는 외지로부터 유입된 이주민들이나 식민도시 건설과정에서 구축된 토착민들에 의해 형성된 주거공간이었다. 이 산지 주거 공간 발달의 주요한 계기는 도시건설과정의 대형토목사업, 그리고 산업공간의 배치와 밀접하게 관련된다(오미일, 2013: 127~128)." 부산부는 도시계획을 실시할 때 철저하게 이 지역들은 배제한다. 상하수도시설이 제대로 설치되지 않아 조선인 노동자들은 열악한 주거환경 속에서 생활하게 된다. 한국전쟁 이후 몰려드는 피난민들이 형성한 판자촌은 여기서 더 위로 올라간 곳이다. 이 그림지도는 22년부터 운행하기 시작한 경복마루, 덕수마루, 창경마루를 타고 오는 일본인 관광객을 위한 것이다. 일본은 그들의 식민지적 성과를 관광을 통해 구체적으로 드러내고자 한다. 일본 내의 반전反戰 세력을 잠재우고 전쟁을 지지하는 세력을 확보하기 위한 전략으로

식민지 공간 관광프로그램을 권장한다. 그리고 관광객과 함께 부관연락선은 수많은 노동자를 실어 나른다.

1929년에는 세계 대공황이 발생하고 세계경제질서가 변하자 이 여파로 일본의 경제는 위기에 처한다. 일본자본주의의 구조적인 모순을 해결하기 위해 일본은 만주(1931)와 중국(1937)을 침략하려 조선에 새로운 역할을 부여하고, 이에 조선시가지계획령을 발포(1934)한다. 이 과정에서 조선총독부는 도시발전과정에 정책적으로 개입한다. 일제는 부산시가지계획령(1937)의 일환으로 공업진흥화정책, 농업진흥정책을 실시하는데, 이 두 정책은 농촌을 도시 중심으로 재구성하고 농촌의 잉여 노동력을 도시로 끌어 들이기 위한 것이었다. 세계 대공황의 여파가 부산 도시와 농촌 공간에까지 미쳤다. 부산의 시가지는 영도와 해운대 방면으로 더 확장된다. 영도다리가 설치되고 현, 중앙로의 전신에 해당하는 도로가 생긴다. 이로써 일제는 더 많은 군수물자와 상품 그리고 노동자를 실어 나르고 일본 자본가계급은 부산경제에서 그들의 위치를 더 다지게 된다. 일제는 1937년 중국을 점령하고 자본주의의 규모를 크게 확장한다. 부산에 새로운 시가지를 조성하고, 중국대륙 진출에 박차를 가하는 과정에서 부산 공간은 더 많은 잉여자본을 생산하는 수단이 된다.

부산에 세워진 미나카이 백화점(1937)은 자본이 일상생활영역으로 스며들게 하는 매개였다. 현재 롯데백화점자리(남포동점)에 들어선 미나카이 백화점은 총 5층짜리 규모의 큰 건물이었다. 5층 규모의 "부산 최초의 백화점이라는 타이틀 때문에 미나카이 백화점은 관광의 명소로 소개되는 일이 많았다. '부산의 마천루', '부산의 대도시 면목을 구비할 1대 백화점 출현', '백화점의 외관은 부산제일 고층의 건물'등과 같이 미나카이 백화점은 부산을 상징하는 건축물로 인식되었다(조정민·양홍숙, 2013: 279~280)." 새로운 상품판매 전략은 부산에 살고 있는 사람이 상품을 욕망하도록 부추긴다. 미나카이가 부산시내에서 최고로 높은 건물이라는 것과 엘리베이터를 2대 운영한다는 사실은 사람들에게 큰 이슈거리였다. 각종 새로운 상품이 다 모여 있는 백화점은 신천지였다. 1937년 신장개업한 부산지점은 1층에는 식료품, 조선토산, 화장품, 장신구, 신발, 신

사진 7 _ 1930년 미나카이백화점
[사진출처: 부경근대자료연구소]

사양품, 연초, 상품권, 관광안내소를 두고, 2층에는 부인·아동·신사복, 부인아동용품, 운동용품을 진열했으며, 3층에는 오복류 일반, 4층에는 문방구, 완구, 대식당, 행사회장을 두었고, 6층에는 낚시도구, 도예소도구, 옥상 전망대(부산항을 한눈에 조망)를 배치하였다(부산근대역사관, 2013: 48). 백화점 5층의 그랜드 홀과 갤러리에서는 "본격적인 문화전시와 행사가 개최되기

시작했다. 다만 그러한 전시와 행사들은 대부분 언론기관이라든지 전시체제에 부합하는 관변단체의 시국선전 및 교육의 장으로 이용"되었다(전성현, 2014: 207). 미나카이 백화점(현, 롯데백화점자리)과 장수통(현, 광복동상점가)은 자본주의의 소비문화가 풍성하게 만개하는 공간이자, 상품에 대한 욕망이 분비되는 공간이었다. 경기가 좋지 않을 때도 "미나카이만은 번성했는데 그 중요한 원인은 미나카이만의 상품권을 발행했기" 때문이라고 한다(전성현, 2014: 185). 미나카이는 거대한 자본을 보유한 백화점이다. 이 백화점은 일본과 한국에 여러 지점을 두고 있었고 상품권을 발매하고 있었는데, 이는 사람들에게 인기 있는 상품이었다. 미나카이 백화점은 지점이 여러 지역에 걸쳐 있었고 그곳에 구비되어 있는 상품의 종류 또한 다양했기 때문에 이 상품권이 사람들의 욕망을 만족시켜 주기에는 충분했다. 이 상품권은 자본축적의 속도를 한층 더 높일 수 있는 조건이었다.

이처럼 일제가 자본의 축적을 촉진하기 위해 도시를 개발하고, 제국

사진 8 _ 1934년 장수통 [사진출처: 부경근대자료연구소]

이 승승장구하는 것을 선전하는 그 가운데 부산 (원)도심이 있었다. 일제가 이런 시도를 지속적으로 추진할 수 있었던 것은 농촌을 끌어들이고 노동자들을 계속해서 공급할 수 있었기 때문이다. 부산항매축●5●, 1920년대 공업장려정책, 그리고 부산 도시 시가지확장설계, 노동력 없이 제국의 승승장구는 불가능했다. 특히 "부산항 설비 공기는 많은 자금을 투자하는 국비사업으로 진행되었으며, 여기에는 많은 노동력이 필요했다(차철욱, 2010: 379)." 인근 농촌에서 많은 노동자들이 모여들었고 이들 대다수는 "부두노동자나 매립현장에서 일당을 벌어 생계를 이어 갔"다. "이들은 당시 일거리가 많았던 부산항 주변에 모여 살았는데, 특히 영주동, 보수동, 대신동, 아미동 등 일본인 마을보다 변두리 혹은 비탈진 야산으로 주거조건이 그다지 양호하지 못하면서 부산항이 가까운 지역에서 살았다(『동아일보』, 1923. 11. 9)." 부산 공간은 자본주의적으로 근대화되고 있었고 노동자에게 부산항은 희망의 공간으로 비춰지기도 했지만 "쉽지 않은 일거리 찾기와 낮은 소득 때문에" 이 희망은 잡을 수 없는 것이었다(차철욱, 2010: 381). 하급노동자들은 최신식 공간에서 새로운 기술, 새로운 건물, 늘어가는 생산력을 바라보기만 할 뿐이었다. 이는 다른 나라의 하급노동자들에게도 마찬가지였다. 그런가 하면 돈 많은 부산인은 그 희망 가까이에 있기도 하였다. 부산항은 점점 계급차별의 공간이 되어갔다.

●5● 부산항 매축은 1902~1905년, 1907~1908년, 부산역은 1910년, 부산세관은 1910년 11월 무렵, 제1부두는 1913년에 각각 준공되었다

"일본인들이 제작한 관광엽서에 등장하는 조선인" 마을은 "쓰러져 가는 초가에 불결하고 무질서해 보이는 골목길로 이미지화되어 정돈되고 깔끔하게 단장된 일본인 중심지와는 항상 대비되었다(차철욱, 2010: 382)." "조선인들의 모습도 부두노동자들이 대부분 등장하는데, 흐트러진 머리카락, 더러움이 가득한 흰 무명옷, 지게 같은 비효율적인 운반도구 등으로 이미지화되었다. 조선인들은 항상 비위생적이고 비근대적인 모습으로 비춰졌고, 그런 만큼 현실적으로도 그런 대접을 받았다(차철욱 같은 글, 같은 쪽)."

일본이 제시하고자 한 것은 더럽고 미개한 비근대적인 부산인이라는 이미지였다. 그러나 일본이 보여준 것은 부산인이 아니라 하급노동자의 사회적 상황이었다. 이는 민족적 차별이라는 호명 아래, 계급지배가 있었음을 보여준다. 사실 더럽고 미개한 조선인, 부산인의 이미지 생산이 반영하는 것은 하급노동자의 상태였던 것이다. 반면 획기적으로 변모하는 부산의 공간들, 일부계층들의 생활스타일, 그리고 넘쳐나는 상품들은 하급노동자보다는 나은 노동자가 근대적 문화를 경험하도록 허용한다. 그러나 그들은 그 공간이나 상품을 전유하는 존재가 아니라 상품을 소비하는 소비자였다. 근대라는 새로운 문화를 경험하는 가운데 노동자주체는 소비자주체로 전환된다. 부산의 근대적 공간화는 모든 노동자계급을 착취할 수 있는 구조를 형성했고, 근대적 문화는 그들의 소외를 당연시 여기도록 만들었다. 이처럼 일제가 주도한 근대적 공간 재현은 부산의 노동자–하위주체뿐만 아니라 일본 노동자–하위주체들까지도 경제적, 정치적, 문화적으로 배제하였다. 부산의 근대적 공간화 속에서 하급 노동자들은 열악한 주거환경 속에서 1일 1식으로 생존하는 처지가 되었다. 이들 노동자들은 대부분 평지에는 집을 짓지 못하고 산비탈을 파서 굴속 생활을 하거나 초가집을 지어 거주하였다. 어떤 상황에서 1인 1식하는 노동자가 7,000여 명 이상이었다.

이와 같이 일제강점기에 형성된 도시공간은 자본주의적 추상공간이다. "지배의 수단으로 이용되는 추상공간은 그 공간 안에서 태어나서 그 공간을 벗어나려고 하는 것이라면 모조리 억누른다." "추상공간은 치명적인 공간으로, 자신의 태생적 조건(역사적 조건), 자신만이 지니는 고유한 차이(내부적 차이, 잠재적 차이)를 질식시켜버리고, 그 대신 추상적 동질성을 강요한다"는 측면에서 큰 문제를 품고 있다(르페브르, 2011: 526). 추상 공간에서는 소유논리가 헤게모니를 잡고 있기에, 이 공간에서 모든 것은 일종의 상품으로 전락한다. 공간은 쪼개지고 사회구성원은 자신의 몸과 분리되어 파편화된다. 자본주의가 생산한 추상공간에서 공간과 사회구성원, 삶의 스타일은 획일화되고 균등한 것으로 된다. 그리고 추상공간에서 발생하는 파편화는 사회적으로 합의된 이데올로기로 봉합된다. 그 결과 우리는 우리의 몸을 사회적 질서, 이데올로기가 지배하도록 한다. 이로써, 가상적 몸이 실제 몸을 추방하는 사태가 발생한다. 즉 실제 몸을 가상적 몸이 지배하는 모순적 몸이 되는 것이다. 노동자의 몸을 몰아내고 자유로운 개인의 몸, 자본가의 몸이 노동자의 몸을 지배한다. 여성의 실재 몸을 몰아내고 남성의 몸이 여성의 몸을 지배한다. 교육자가 피교육자의 몸을 지배하고, 선진국이 개발도상국의 삶을 지배한다. 그 속에서 실제의 몸은 부정당한 채, 은폐된다. 그러나 분명한 것은 실재 몸은 은폐되었을 뿐 사라진 것은 아니라는 사실이다. 추상공간은 모든 것을 계산할 수 있는 것으로 만드는 합리적 질서가 지배하는 공간이다. 이 공간은 체험의 공간을 부정하고 파편화한다. 그리고 추상적 공간이 생산한 주체가 그 자리를 대신한다. 기술관료적이고 소비주의적인 질서가 지배하는 추상공간은 모든 주체를 자본가 주체, 국민 주체, 소비자 주체로 생산하려 한다. 그 속에서 공간적 재현은 재현적 공간을 자연스럽게 통제한다. 노동자는 자본가의 주체로 생산되어 자신을 부정하고 삭제한다. 다른 주체도 마찬가지다. 폭력적으로 생산된 추상공간은 발생과정에서 이미 모순을 안고 있다.

이러한 추상공간은 20세기의 자본주의의 특징인 경제가 폭력에 종속되는 공간이다. 식민지 도시공간을 구성하는 이 폭력은 공개적인 것이어서 적대해야 할 대상을 잘 드러내 준다. 또 추상공간은 스펙터클한 자본주의 소비문화, 근대라는 새로운 기술 지식의 경험, 계급공간 분리라는 성격을 띤다. 부산 원도심은 번영공간과 빈곤공간으로 분리된다. 미나카이 백화점이 있는 광복동을 중심으로 한 번영한 원도심 그리고 산복도로 근처의 일부 노동자지역인 낙후된 원도심이 그것이다. 이 둘은 서로 분리된 것이 아니다. 번영공간은 빈곤공간을 생산하면서 자본을 축적했다. 번영공간과 빈곤공간은 일본인과 조선인의 민족적 분리공간을 넘어선 계급적 분리공간이다. 원도심에는 구조적으로, 번영과 빈곤이 함께 한다. 이는 자본주의 공간, 추상공간으로 생산되는 부산 도심의 모순이다.

부산 도시에서 거주권을 외쳤던 사람들

일제가 주도하는 추상공간화에 저항하는 움직임도 일어났다. 1905년 부두노동자 조직, 1907년 전차전복 사건, 차가인 운동, 부산 청년운동, 조선 방적 쟁의, 부두 노동자총파업, 인쇄직공파업 등이 그것이다. 부산지역에서 1955년 6월에 설립된 부두노동자 조직 '영신사'는 50여 명의 십장과 수천여 명의 부두노동자가 소속된 대규모 부두노동자조직이었다(윤용출,

1991: 16). 부산가스전기회사는 전차, 전등, 가스를 독점으로 운영하고 있었다. "운행시간이 불규칙하고 정전, 탈선, 고장이 잦"음에도 불구하고 "요금은 터무니없이 비쌌"다. 게다가 "조선인 승객이 가장 많은 부산진에서 매립신정 사이", "초량에서 매립신정 사이"는 요금을 올려 받았다. "또한 조선인이 거주하는 초량, 부산진 방면에는 과다한 전봇대 가설비 등을 청구하였다." 가스의 경우, "조선인 거주 지역에는 아예 공급조차 하지 않았다(윤용출, 1991: 17)." 이에 부산주민은 대대적으로 항의운동을 벌였다. 주택 · 교통 · 전기 등 문제의 본질은 일제가 노동자를 생산영역에서만이 아니라 그들의 생활영역까지 수탈한다는 것이었다. 이러한 저항운동들은 주민 내부의 각 계급계층의 결합을 강화하는 계기가 되었다.

차가인 운동은 부산에서 일어났던 도시권운동의 대표적 예다. 차가인 운동은 오르는 집세를 내려달라는 요구에서 시작된 운동이다. 일제 강점기에 도시의 주거문제는 심각한 것이었다. "극소수의 대지주들이 부산부의 땅을 한 손에 거머쥐고 지가 상승을 추동하였으며 여기에 따라 주택의 공급이 폭증하는 수요를 따르지 못해 집세 (윤용출: 1991, 14)"가 폭등하고 주택난은 점점 심각해져 갔다. ●6● 이에 사람들은 차차로 시가의 번화한 거리로부터 쫓겨 영주동 뒷산에 게딱지 같은 초가집을 짓고 차마 눈으로 볼 수 없는 가련한 현상에" 놓이게 되었다.

●6● 이 삼 명의 큰 지주가 부산시가의 대부분을 차지하였으므로 그들은 이것을 기회로 여겨 수십 년 후에 집값이 비싸질 것으로 생각하고 용이히 빌려주지 않을뿐더러 팔지도 않아 누구든지 집터를 빌려 달라는 사람이 있으면 무리한 조건과 부당한 요금을 요구하고 집터를 팔라 하면 현재 시가의 사오 배를 불러서 어찌할 수 없는 형편이오……이와 같이 집터가 부족함을 따라 집이 부족하고 이에 따라 집세가 폭등하므로 횡포한 집주인은 악독한 수단으로 세집살이 하는 사람의 피를 긁어 폭리를 탐할 뿐. 〈동아일보〉, 1921.8.7.

부산에서 실시된 일제의 정책은 일본 '자본가'들에게 유리한 것이었다. 부동산 자본가들은 토지와 가옥을 대량으로 소유하고 이를 이용하여 자본을 축적해 나갔다. 부동산 자본가에게 유리한 토지정책으로 일본 자본가는 주택지를 집중적으로 소유하였고, 임대사업을 적극적으로 펼쳐 나갔다. 주택을 통해 이윤을 추구하는 사업이 번창하자 도시에서 집을 임대해서 살아가야 하는 거주자들은 자신들의 공간에서 점점 소외되어 갔다. 부산을 돈을 벌 수 있는 기회의 땅이라 선전하면서 일제는 일본의 노동자들을 대거 부산으로 흡수했다. 이들은 부산을 도시화하는 데 필요한 노동력이었기 때문이다. 일제는 일본 '노동자'가 아닌 소수의 일본 '자본가'들에게 이권을 주었던 것이다. 일본 노동자도 소외되기는 마찬가지였다. 이들도 자본가인 임대인의 횡포에 시달리기는 마찬가지였다.

차가인 운동은 임대업자의 횡포를 참지 못 한 세입자가 일본정부, 집주인을 상대로 벌인 저항운동이다. 여기에는 일본 임대인들도 포함되어 있었다. 이 저항운동은 국적을 불문하고 주거공간을 자본축적의 수단으로 여기려는 자본가들에게 대항하는 운동이었다. 전국적으로 일어난 저항은 차가인 동맹으로 번졌다. 차가인 동맹은 체계적인 조직이라기보다는 각 도시별로 주민들이 자발적으로 조직한 주거권 확보운동이다. 부산에서는 신간회, 노동 총동맹 등이 이에 연대하여 함께 운동을 벌여 나갔다.

도시지역의 주거권 확보운동은 집주인에게 대항하는 것으로 집세를 낮추는 정책을 만드는 것이 목적이었다. 또한 노동운동이 활발하게 일어나고, 도시인들의 의식이 좀 더 고양된 곳에서는 주거권 확보운동이 더 활발하게 전개되었다. 이처럼 부산지역의 차가인 운동은 아래로부터 자발적으로 조직된 도시권 운동의 대표적인 사례라고 볼 수 있다. 도시민의 주거권 확보를 위한 차가인 운동은 일제의 큰 정책적인 변화를 이끌어내지 못했고 전국적인 조직체를 갖춘 체계적인 운동 또한 아니었지만, 도시 거주민이 자신의 거주문제에 적극적으로 개입하고 연대를 통해 권리를 찾으려 했다는 점은 중요하다.

부산(한국)은 1945년 일본제국주의 식민지상태로부터 벗어나지만 곧 미군정이 통제하는 공간이 된다. 해방 한 달 후, 부산에 온 미군은 부산의 중심지에 있는 미나카이 백화점에 주둔하고 곧 이어 부산부청사도 접수한다. "8 · 15직후 부산에는 짧은 기간에 인구가 급격하게 모여들었기 때문에 엄청난 실업자 군이 퇴적되었으며 이로 인해 식량과 주택은 턱없이 부족하였다. 또한 부산은 귀국 일본인의 집결지였던 관계로 일본인들"이 물건을 내다파는 중심지였다(박철규, 1995: 158). 해방 직후 부산 인구는 36만 명 이상으로 급격히 늘어났다. 귀환동포, 일본으로 돌아가려는 일본인들이 부산으로 모여들었기 때문이다. "이리하여 주거지가 턱없이 부족하고 도처에 천막이 즐비하였다(박철규 1995, 160쪽)." 한국전쟁으로 부산시 인구는 또다시 폭발적으로 늘어난다. 이들은 현재, 중구·동구에 있는 산꼭대기까지 판자나 비닐로 집을 짓고 살았으며, 부두로 내려와 노동생활을 했다.

광복 이후의 한국은 새로운 국가를 건설하려는 다양한 세력들이 경합을 벌이는 공간이었다. 부산에서도 새로운 사회운동이 전개되었다. 그 가운데 적산기업의 노동자들이 스스로 작업현장을 지키고자 했던 자주관리운동이 있었다. "부산의 노동자들은 일본인이 퇴각한 후, 관리위원회, 운영위원회 등을 결성하여 중요물자의 도난방지와 건물의 경비, 일본인의 행동 감시, 운영방침의 준비 등 자주적으로 사업재개를 위한 노력을 경주하였다. 또 일인 경영주로부터 퇴직금, 후생수단을 청구하는 등으로 그들의 기본적인 권리를 획득하기 위하여 노력하였다(박철규, 1995: 214~215)." 그러나 노동자들은 생산과정, 생산공간을 전유하는 데에 실패했다. 이때의 자주관리운동은 체계적이지 못했을 뿐더러 노동자들은 자금난을 스스로 해결하지 못했다. 노동자들이 자금난을 해결하려 받아들인 경영주의 관심사는 기업의 통제권, 생산수단의 통제권이었다. 경영주는 생산현장의 통제권 장악을 위해 "노조간부나 노동자들에게 우호적인 관리인들을 해고시켰으며 이를 용이하게 하기 위하여 때로는 군정 당국의 힘을 빌고 때로는 미군헌병과 경찰을 동원하기도 하였다. 게다가 이들은 노동자들을 돈으로 매수하거나 부랑자들을 입사시켜 물리적 충돌까지 야기시키면서" 통제권을 장악하려 하였다(박철규, 1995: 215). 이 때문에 노동현장의 자주관리권은 경영주의 통제권으로 바뀐다. 게다가 "군정당국에서는 해방직후 공장의 현실이 노동자들이 자주관리를 하고 있었음에도 불구하고 소정양식과 의욕만 있으면 관리 신청을 받아 주었"다. 이러한 상황은 노동자의 자주관리운동에 큰 장애가 되었다. 자주관리운동이 실패로 끝나고, 좌·우익의 싸움에서 우익이 헤게모니를 잡자 해방공간에 드러난 갈등은 곧 통제되었다. 이러한 사회분위기, 노동현장의 상황 그리고 적산기업의 문제로 일제 강점기, 일본당국과 연계한 일본소수의 자본계급의 통제권은 한국의 자본가계급에게 넘어갔다.

부산 망양로 원도심, 새로운 빛과 그림자

일제강점기에서 해방 후 한국전쟁이 불러온 혼란의 시기가 지나고, 부산시는 부산을 새로운 도약의 공간으로 만들고자 부두지구 구획정리사업을 발표한다.●7● 1962년, 부산시가 발표한 도시계획 중에 산동네에 도로를 내는 것도 포함되었다. 이 도로가 지금의 산복도로인 망양로(望洋路)

●7● 부산직할시, 『부산시사』, 제1권, 1241쪽. "이 부산 부두지구 구획정리 사업은 오는 64년 끝날 예정으로 총공사비가 오억육천 칠백만원 은행기채이다. 이공사는 현 부산진역, 초량역, 본역 간을 연결하는 길이 이천육백십오미터의 철로를 해안쪽 국유지로 일백오십미터 당겨 옮기고 여기서 생기는 국유지 사만칠천여평을 정지해서 근대식 상가로 조성하고 현 남부산과 북부산을 연결하는 폭 사십미터 간선도로 사개를 만들어 폭주하는 교통량을 완화하고 부산본역을 시가중심부 초량동으로 옮기는 한편 구획정리해당지역(중앙동/대창동/수정동)이십구만칠천백삼십 팔평내에 들어 있는 판자집 천육백 칠십사동을 철거하야 동래에 집단주택지 삼만오천평에다 자동연립식간이 주택을 지어 입주시키는 등 부산시로서는 처음 보는 최대규모 도시계획공사다.(띄어쓰기 및 표기는 기사원문 그대로, 경향신문, 1962. 11. 24.)" 정부에서 발표한 "제1차 경제개발계획의 기조는 '개발의 시발(始發)과 제도적 기반조정'이었고 2차 개발계획은 '고도성장실현과 공업화'였다(김아람, 2013: 52).

다. "64년 말까지 구획정리를 끝내면", 부산시는 "8만 6천 평의 대지를 매 각하여 근대도시를 건설할 계획(경향신문, 같은 기사)"이었다. "부두지구 계획정리 사업은 부산역 앞 대형 화재를 계기로 현 세관 옆에서 부산진역 에 이르는 지역의 판자옥 등을 비롯한 건물을 중요한 업무지구로 개발하 는 일로, 대상 면적이 980.88㎢에 이르는 방대한 규모였다(정웅식, 2010: 22)." 일본 제국주의가 아닌 부산시가 주도한 도시계획이 바로 부두지구 구획정리 사업인 것이다.

미래를 약속했던 부두지구 구획사업이 끝나고 부산은 시로 승격했다. 부산의 직할시 승격은 도시를 본격적으로 개발하는 계기를 만들었다. 부 산시가 시행한 최초의 도심재정비는 1962년과 1963년에 제정된 '도시계획 법과 도시계획시행령'으로 이루어졌다. "이로써 1960년대의 부산이 감당 하지 못했던 인구와 주거문제를 한꺼번에 해결할 수 있는 법적 근거가 마 련되었다. 당시 부산은 "30만 명을 수용할 능력밖에 갖지 못했"고, "116만 명"으로 불어난 인구는 전혀 감당할 수 있는 것이 아니었다(전국조, 2014: 36)." 불어난 인구는 대부분이 산중턱의 고지대에 무허가 집을 짓고 살았 다.

이에 부산시"당국은 고지대 재개발 5개년 계획(1967~1971)을 수립하고 8,607동의 불량건물을 철거하고 10,428세대의 주민을 이주시키고 그 자

사진 9 _ 1960년대 중반 산복도로 공사 [사진출처: 부경근대자료연구소]

사진 10 _ 1960년대 중반 판자촌 철거 [사진출처: 부경근대자료연구소]

리에 3,150세대를 수용하는 아파트 건립이란 대사업을 발표하였다. 당시의 고지대란 항구에서 바로 보이는 중구 보수동에서 영주동 · 동구의 초량 · 수정 · 좌천동과 진구의 범일 · 범천동에 이르는 지역이었다. … 특히 1968년 3월 2일 영주동 고지대 판자촌이 철거되고 이곳 사람들이 동래구 동상동으로 이주하는 것은 현대판 엑소더스로서 여기에는 반대와 집행의 강행이 있었다(『부산시사』. 3권, 258~259쪽)." 도시개발의 일환으로 판자촌 한가운데로 도로가 생기고 이곳 일부 사람들은 도심의 바깥으로 밀려날 수밖에 없었다. 행정적 대책 없이 바깥으로 밀려난 이들은 열악한 환경 속에서 그들 스스로 거주공간을 꾸려가야 했다. 해방된 국가가 생산하는 도시도 열악한 주거환경의 산동네 노동자들을 배제하기는 마찬가지였다. 이러한 도시개발은 산꼭대기로 올라가 살 수밖에 없었던 사람들을 연산동으로 강제 이주토록 했다. 그러나 그 당시 연산동은 허허벌판이었고, 노동자들은 그들의 일터로 이동할 수 있는 교통수단조차 제공받지 못했다.

1958년 초량동 45번지로 이주하게 된 계기가 있으신가요? A. 아버지께서 3부두에서 일하면서 초량동 45번지에서 거주하게 되었는데, 대부분이 북한에서 내려온 사람들이었고 하꼬방 형태의 집이었지. 1961년경에 강제철거로 인해 연산동으

로 이주하게 되었는데, 이주할 때 땅도 받고, 보상금 등을 받고 이주했기 때문에
별 불만은 없었어. 하지만 연산동은 당시 허허벌판이었고 공장에 다니기에는 너
무 불편해서 이주를 포기했어. 보상금으로 옛 교통부 부근(범일동)에 집을 구했
지만 아버지께서 사과장사를 한다고 집을 팔아버렸다가 비가 많이 와서 장사도
못하고 보상금을 날려 먹었지(싸이트플래닝 건축사무소. 2012: 209).

이처럼 부산시에서 시행한 고지대 재개발은 이 지역을 "또 다른 슬럼지
구"로 조성한다는 비판을 받았다. 현재의 동구 초량동과 수정동도 이 지
역에 해당된다.

반면, 부산의 부두는 부(富)를 생산하는 공간이 되었다. 70년대 이후 부
두의 발전은 곧 국가의 발전이었고, 정부가 주도하는 경제개발 계획에 따
라 부두 공간은 거듭해서 확장된다. 부두 공간이 확장되고 부를 축적하
는 데 노동력을 제공한 노동자는 도시계획으로 발생한 이익 배분에서 제
외되었다. 그리고 노동자 공간인 산동네 또한 그 혜택에서 제외되었다.
"1972년부터 망양로 남측에는 최고고도지구가 지정되어 건축물 높이가
노면 이하로 제한받고 있었다(이동현 · 이상국, 2012: 27)." 이 공간에 실시
한 고도제한이라는 법적 근거는 이 공간에서 국가의 통제권이 여전히 건
재하다는 것을 보여준다. 현재 망양로 주변의 독특한 주택구조는 고도제
한이라는 법 때문에 가능한 것이기도 하다. 또한 자본은 이 산동네의 열

악한 주거환경보다는 산 아래 동네에 있는 북항과 그 주변 공간에 더 많은 관심을 보였다. 산동네는 자본을 축적하기 힘든 공간이고 산 아래 동네는 자본을 축적하기 용이한 공간이기 때문이다. 자본에게 망양로 원도심의 공간은 효율적인 투자가치의 공간이 아니었던 것이다. 그리하여 이곳은 부산의 다른 지역과는 현저하게 더딘 속도로 발전하게 된다.

> … 영양실조로 누렇게 말라빠진 얼굴들이며 악취가 풍기는 구질구질한 그 속에서 생존과 생활을 분별할 수 없는 생명들을 많이 보았다. 이곳저곳으로 나를 안내하여 헤매던 남편은 "이제 그만 돌아갑시다" 하면서 올라오던 길을 따라 판잣집들을 등지고 집으로 돌아왔다. 남편은 다음날 출근할 때까지도 아무 말이 없었다. 그렇다고 화를 내거나 태도가 변한 것도 없었다. 어쩐지 마음이 후련치는 못하였지만 나도 다시는 옷투정을 하지 않았다(경향신문 1962. 7. 29).

인용문은 경향신문(부산)에 실린 어느 주부의 수기다. 도심 속에서 빈민굴로 인지됐던 산복도로는 부산이 하루 빨리 경제대국으로 나아가야 할 정당성으로 활용되었고, 전쟁의 폐허에서 나라를 재건하기 위해 허리띠를 졸라매고 일하는 주체를 호명하는 기제로 활용되었다. 부산시가 주도하는 개발은 빈민을 구제하는 것이 아니라 빈민이 되지 않기 위해서는 하루 빨리 경제를 일으키는데 부산 시민이 적극 협조해야 한다는 이데올로기를 생산한다. 도시개발이 부산시민을 안녕과 행복으로 데려다 주는 는 길이라는 것을 믿도록 만드는 것이다. 부산사람들에게 망양로, 산복도 로는 부산이 가려야 할 부정의 공간으로 인지된다. 그런 가운데 망양로변 사람들의 존재 또한 부정당하는 것이다. 그러나 이러한 시선 속에서도 망 양로변 사람은 그들만의 거주하기 방식을 통해 자신들의 삶의 공간을 함 께 만들어 갔다.

처음 그 도로를 만들 때 이름은 산복도로가 아니었다. 우리는 '신작로'라고 불렀다. …어떤 때에는 내 키가 금방 자라 하늘에 닿을 것 같기도 했던 그 길이 포장이 되면서 '마이크로'라는 이름을 단 버스가 다니기 시작했다. 작아서 아마 그렇게 불렀을 것이다. 지금 마을버스만 했던 것으로 기억한다. 버스는 늘 만원이었다. 부산진역이 있는 큰길에서 걸어서 오르내리던 그 곳을 버스가 다녔으니 노동에 지친 사람들이 이용하는 건 당연했다. 그리고 시간이 지나면서 그 버스는 지금의 큰 버스로 바뀌었다.

부산에서도 변두리에 속했던 그 곳은 많은 노동자들의 삶의 터전이었다. 내 이웃의 정다운 사람들은 거의 공장에 다니거나 장사를 하는 사람이 많았고 낮에는 아이들이 이 골목 저 골목을 휩쓸며 놀았다. 우리 집 옆집에 살던 태수 어머니는 부산진역 앞 큰 시장에서 장을 봐 와서 구멍가게에서 팔았다. 배추며 무며 갖가지 부식과 아이들 주전부리거리들을 함께 이고 그 골목을 걸어서 오르내렸다. 태수 어머니는 무거운 물건을 머리에 이고 다녀서 인지 다리엔 정맥류가 심했다. 하지만 우리는 누구도 그것에 대해서 얘기 하지 않았다. 말하지 않아도 어린 꼬마 였던 나도 이해하고 있었으니까. 그 비탈에의 삶은 그랬다. 얘기 하지 않아도 서로의 아픔을 알았고, 함께 뛰어 놀았다. 이렇게 무더운 여름날에는 아이들이 밤 늦도록 동네 공터에서 놀아도 어른들은 걱정하지 않았다. 우리 동네니까. 그리고 산 아래 작은 연못가에 있었던 판잣집 아이는 꽁보리밥에 소금을 찍어 먹으며 살았던 것을 나는 기억한다. 항상 얼굴이 노랗게 떠 있었던 내 어릴 적 동무는. 제대로 치료도 받지 못한 채 초등학교 사학년을 넘기지 못하고 삶을 달리 했다. 그길은 그냥 '예쁜 길'이 아니다. 산비탈을 오르내리며 다가올 막연한 내일에 대한 희망을 가지기도 했던 길이며, 소금밥을 먹으면서 하루를 지탱하고, 가난을 그 언덕에 기대어 살던 내 어릴 적 이웃들의 꿈이었던 곳. 그 길은 슬프도록 아름다운 길이다. ●8●

이 슬프도록 아름다운 길은 자본주의 도시 공간의 모순을 반영하는 길이자 그 길 위에서 살아야만 하는 이들이 그 고달픔을 생^{生}의 에너지로 전환하는 길이다. 산복도로 르네상스는 이 길을 아름다운 길로 불러낸다. 그러나 그 속에 있는 슬픔은 '서민'이라는 호명으로 묻어 버린다. 아니 사업주체의 눈에 이 갖가지 슬픔은 보이지 않는다고 해야 맞을 것이다. 도시화로 부산이 번영을 이룰 때 이 번영은 망양로 산복도로에까지 이르지 않았다. 이곳의 노동자들은 밤낮으로 일을 하며 도시 번영의 근간이 되지만 이 번영은 이 산복도로에 머물지 않았던 것이다. 광복이 민족에게 해

●8● 늦더위, 잠시 그 곳을 생각하다 (8) 낭만고양이 (rungod) 07.08.28 21:19, http://cafe.sayclub.com/cb_board_recommend.nwz?tbtype=&lclubid=kelsalang&clubsrl=41&act=read&clubsrl=41&bsrl=0&page=1&aseq=181311369

방을 가져다주었지만 계급에게는 해방을 가져다주지 않았기 때문이다.

일제강점기의 추상공간화는 외부의 수탈로, 강제적인 공간적 실천으로 구체화된다. 반면 해방 이후의 추상공간화는 개발도상국의 국민, 발전해야 하는 도시의 시민이라는 내면적 주체, 자발적인 주체의 공간적 실천으로 육화된다. 산복도로를 그저 예쁜 길로 인지하는 것은 그 공간이 어떻게 생겨난 공간인지를 잊게 한다. 산복도로 주변 동네가 어떻게 생산되었는지를 고려한다면 산복도로 르네상스라는 모순적 표현은 쓸 수 없다. 부산 산복도로 르네상스라는 표현은 자본주의 도시 부산의 모순을 반영할 뿐만 아니라 이 도시를 생산하는 수단을 전유한 주체가 누구인지를 잘 보여준다. 슬픈 길 위에서도 함께 살아냄으로 망양로 산복도로 사람들이 이룬 아름다움은 부산시가 부산을 문화도시로, 관광의 도시로 전화하려는 욕망의 희생양이 될 위기에 직면하게 되었고 망양로 삶의 차이나는 리듬이 다시 한 번 대상화될 위기에 직면하게 되었다.

부산 도심과 원도심은 자본주의적 도시화 과정으로 생산되었고, 부산은 도시사회가 되었다. 이 도시화 과정은 계급공간을 분리하며 추상공간을 생산한다. 일본이 제국적 자본주의를 확대재생산할 수 있었던 것은 부산을 추상공간이 지배하는 도시사회로 재편했기 때문이다. 이 추상공간의 정당성을 강력하게 지지하고 있는 것 중의 하나가 일제 도시계획법이다. 그러나 일제의 법은 노골적 차별이어서 그것 자체로 폭력이라는 것을 노동자들은 누구나 알 수 있다. 일제의 부산시가지 계획령, 도시정책 및 농촌정책으로 "도시는 농촌보다 우월해지"고, "화폐가 토지를 지배"했다. "토지소유권은 이제 최고로 중요했던 자신의 지위를 상실"하고 "사회는 분야별로 요소별로, 시기별로, 기간별로 보자면 불평등하게 변화했다"(르페브르 2011: 393). 그리고 현재, 중구와 동구지역에 해당하는 노동자 공간은 도시계획에서 소외되었다. 일제강점시기, 부산에서는 이와 같은 도시적 공간, 도시 체계가 형성되고 있었다. 이는 "진행 중인 추상화"라고 할 수 있다(같은 책: 394).

해방 후 부산은 두 번째 추상화과정을 겪는다. 이 과정에서는 국가가 잉여노동착취권리를 가진다. 부산 공간을 재편하는 도시계획법은 일제강점기의 법과는 다르게 작동한다. 도시의 잉여자본을 흡수하고 그 가운데 잉여노동을 착취한다는 것은 동일하지만, 이 법은 내가 살고 있는 공간에 부(副)를 쌓아주고 정의를 실현한다는 명분으로 도시화를 정당화한다. 따라서 이 폭력은 외부적으로 작동하는 것이 아니라 내면적으로 작동한다. 산업자본주의시대를 지나면서 부산시와 부산 자본가들이 도시공간을 통제하는 능력을 나눠가져야 했다. 왜냐하면 잉여가치는 "주변경계를 뛰어넘어 점점 더 멀리 떨어진 곳", 곧 국가라는 중앙으로 이동하기 때문이다. 부산항은 국고를 채워주는 일등공신이었다. 국가의 부(富)를 채우느라 파손된 도로를 개선하는 것은 동구의 몫이었다. 이처럼 부산의 도시화과정은 "자본주의 축적의 공간"이 "활기를 띠며" 점점 충만해지는 과정이다. 이 과정에서 "산업은 농촌의 공동체적 전통이 밀려난 곳, 도시적 제도가 전쟁으로 초토화된 곳에서 뿌리를 내렸다. 이 공간에서는 탈취와 약탈로 이룬 부가 쌓여 갔"는데 이것이 바로 국가 산업주의 공간이다(같은 책, 같은 쪽)." "자본주의와 세계시장의 도래로 말미암아 폭력은 이제 축적이라는 면에서 경제적인 역할을 수행하게 된" 것이다. 이로써 부산 도시사회에서 "경제적인 것이 지배적"(같은 책: 403)이게 된다.

경제적인 것이 지배적인 것으로 작동하는 도시는 국가, 자본가, 전문가가 지배하는 이소토피아를 생산한다. 이 추상공간은 국가장치, 이데올로기적 국가장치의 지원을 받으며 남근중심주의, 이성중심주의, 시각화의 논리, 이항주의, 배제의 논리, 균질성의 논리, 신기루의 논리, 관료주의, 거울효과 등을 향해 있다. 추상공간은 명료하지 않은 것을 명료하게 만들고, 균등하지 않은 것을 균등하게 만들고 어둠 속에 있는 것을 밝음의 영역으로 끌어낸다. 이 추상화과정은 폭력을 동반한다. 추상공간화는 이 폭력적인 과정을 거치지 않고서는 존재할 수 없다는 것, 이 폭력적인 과정을 통해서만 존재할 수 있다는 모순을 가지고 있다. 즉 이소토피아는 헤테로토피아를 생산함으로써 존재할 수 있다는 것, 이소토피아의 도시는 반드시 헤테로토피아의 도시와 함께 구성된다는 것이다. 이와 마찬가지로 부산이 자본주의의 도시공간으로 생산될 수 있었던 것은 노동자 공간을 생산함으로써만, 노동자 공간을 폭력적으로 다룸으로써만 존재할 수 있다는 것을 보여준다. 뿐만 아니라 부산의 번영으로 포장되는 추상공간화의 폭력은 또한 차가인 운동, 노동 운동, 민주화 운동 등의 수많은 저항을 생산했고 도시의 하위주체들이 자신들이 처한 삶의 조건에 개입할 수밖에 없는 조건도 생산했다.

일제강점기에 형성된 부산도시사회는 자본주의적 추상공간으로 20세기 자본주의의 특징인 경제가 폭력에 종속되는 공간이다. 식민지 도시공간을 구성하는 이 폭력은 공개적인 것이어서 적대해야 할 대상을 잘 드러내 준다. 번영공간은 빈곤공간을 생산하면서 자본을 축적했으며 빈곤공간에 폭력적으로 기생하고 있다. 번영-빈곤공간은 일본인과 조선인의 민족적 분리공간을 넘어선 계급적 분리공간이다. 현, 부산 원도심에는 번영과 빈곤이 구조적으로 함께 한다. 이것이 자본주의적 공간, 추상적 공간으로서 원도심이 처해 있는 모순이다. 그리고 그 모순은 도시 서민의 분노를 생산하고, 서민 주체가 삶의 공간을 생산하는 주체가 될 수 있는 계기를 제공한다.

자본주의 도시화과정에서 망양로 원도심은 처음부터 소외와 배제의 공간으로 생산되었다. 이런 사정을 고려한다면 원도심의 쇠퇴가 지칭하는 공간은 정확히 어디며 원도심 재생프로젝트 '부산 산복도로 르네상스'는 대체 무엇을 재생하겠다는 것인가를 반문할 수밖에 없다. 산복도로의 '특이성'은 현재의 신자유주의적 구조가 생산한 '특이성'이다. 금융자본주의라 일컫는 신자유주의는 도시공간만 이소토피아화하는 것이 아니라 인간의 몸, 감정, 정서, 유대감, 장소감, 역사, 미래의 공간까지도 이소토피아화한다. 조금이라도 차이를 낼 수 있는 것들은 다 교환가능한 것으로 바꾸려 한다. 부산 도시 공간이 동질화될수록 사람들의 일상성은 더욱 원자화되고 획일화되고 소비식민지화되어 간다. 그런 도시에서 망양로 '특이성'은 공간의 질을 요구하는 사람들의 관심으로 떠오른다. 일제강점기에 이 공간이 존재하지만 존재하지 않는 소외의 공간이었다면, 21세기 현재의 이 공간은 헤토로토피아로서 이소토피아적 질서를 따라야 하는 이중의 모순에 직면해 있다. '원도시 재생 프로젝트'인 '부산 산복도로 르네상스'는 망양로 주변 원도심이, 그곳에서 살 수밖에 없는 사람들이 부산 도시의 경제적 부흥을 위해 또다시 암울한 미래와 겨뤄야 한다는 사실을 예고한다.

망양로
원도심,
유일한 풍경의
비밀

망양로 원도심, 부산의 유일한 '풍경'과 삶의 공간 사이에서

세계 대다수 도시들이 그러하듯이, 부산의 도시 공간 또한 지리적으로 불균등하게 변화해 왔다. 망양로 원도심은 부산의 저개발지역에 해당된다. 2014년까지 망양로 위에는 편의점이 한 군 데도 없었다. 이는 망양로 원도심이 자본의 통제를 덜 받은 공간이라는 것을 의미하기도 한다. 즉, 망양로 일상공간은, 다른 공간에 비해, 소비공간으로 재편되지 않았고, 사용가치가 여전히 남아 있는 공간이라는 것이다. 부산발전연구원(이하, 부발련)은 망양로 원도심 환경을 '유일한 풍경'으로 다음과 같이 규정한다.

"일제강점기 식민지 노동자들의 거주지, 해방 후 귀환동포의 정착, 6·25전쟁 피난민의 대규모 정착, 경제 개발기 서민들의 무허가 정착지에 이르기까지 근대와 현대의 굴곡진 역사는 산허리를 돌아가는 독특한 자리를 낳았고, 이것이 곧 '최고 number one'의 풍경은 아닐지라도 부산만이 지니고 있는 '유일한 only one '풍경을 창출하였다(김형균 외, 2010: 7)."

이 유일한 풍경은 망양로 원도심 특이성을 드러내고 부산성을 드러내는 조건이자, 도시재생 프로젝트인 부산 산복도로 르네상스 프로젝트 정당성의 요소다. 부발련이 유일한 공간으로 지칭하는 이곳은 자본주의적 도시생산 메커니즘으로 생성된 노동자의 공간이다. 그런데 부발련은 왜 이런 사실을 누락시킨 채, 이곳 '원도심을 부산의 유일한 풍경'으로만 호출하는가. 그것도 왜 2010년에 와서야 원도심을 부산만이 지니고 있는 유일한 풍경을 가진 공간으로 호명하는가. 산복도로 르네상스 사업은 이 유일한 풍경을 보존해 많은 부산사람과 외지 사람에게 이를 부산이라고 보여주려 한다.

산복도로 르네상스, 원도심 문화예술공동체 또따또가, 중구 거리 갤러리미술제 등은 문화·예술을 통해 도시를 새롭게 만들고자 한다. 이 사업들은 낙후된 원도심을 살기 좋은 공간으로 만들어 보겠다는 취지를 표방한다. 그 중, 부산시 창조도시기획본부가 주도하는 '산복도로 르네상스 프로젝트'는 9년(2011~2019년)동안 1,500억 원을 투입하는 거대 사업이다.●9● 따라서 이 사업은 산복도로 지역을 모두가 살고 싶어 하는 공동체 공간으로 만들기 위해 "대규모 자본으로 순식간에 지역의 역사와 기억을 밀어버리고 지역자체 주민들을 다른 곳으로 이주시켜버리는 기존의 개발방식을 지양한다"고 한다. 그래서 "지역자체의 고유한 정체성을 살리는 방식으로 사업을 진행"하는 것이 목표라고 부산시는 강조한다 (이아름, 2013: 80)."

4년 동안 사업을 시행한 결과, 부산 산복도로 르네상스 사업은 2013년 대한민국 지역발전 대상을 받으며 전국 최고의 공동체 회복프로젝트라

●9● 이 "사업은 원도심 산복도로 일원 거주 지역(중, 서, 동, 사하, 사상구 54개동 634천명 부산 전체의 17.6%. 2010기준)의 역사 문화 경관 등 지역자원을 활용하는 주민 참여형 마을 종합재생 프로젝트로서 부산광역시가 2020년까지 10년간 1,500억 원을 투입하는 역점사업이다. '산복도로 공간재생과 지역자활을 통한 생태문화소통의 공동체 형성'이라는 목표 아래 1) 생태, 교통, 경관에 중점을 둔 공간재생, 2) 생활환경, 공공복지, 커뮤니티 비즈니스에 중점을 둔 생활재생, 3) 지역문화, 주민문화, 관광에 중점을 둔 문화재생의 유형을 설정했다. 특히 종전의 개발사업과 가장 큰 차이가 '개발을 최소화하며, 주민과의 소통'에 역점을 둔 창조도시프로젝트임을 강조했다(문재원, 2014: 67쪽)."

는 평을 받기 시작했다. 국내뿐만 아니라 CNN, 르몽드 등 국외 주요 언론 사들의 관심도 받기 시작했다. "산복도로에서 각종 사업이 펼쳐지며 관광객이 줄을 잇고 골목상권이 살아나면서 부산원도심이 새로운 도약을 가능하게 했다"는 평이 언론을 통해 확산되었다(헬로 TV 부산 동영상 뉴스, 2013. 12. 30). 1차 년도 사업 성공의 가장 큰 공신은 '초량이바구길'이다. 동구는 '초량이바구길'이 인기를 얻자 이를 특허청에 상품으로 등록하여 독점권을 확보하기까지 했다. 동구가 만든 이바구길은 '스토리노믹스'의 개념으로 생산한 것이다. 스토리노믹스는 이야기를 뜻하는 스토리 story 와 경제학을 뜻하는 이코노믹스 economics 의 합성어로 이야기가 막대한 경제효과를 가져다 주는 것을 강조하는 표현이라고 한다. 동구는 이 스토리노믹스를 문화재생으로 이해하고 모두 뜯어내고 새로운 것으로 덮어버리는 재개발만을 생각할 때 골목에 숨겨진 이야기를 동구만의 색으로 변형하려 한다고 말한다. 동구가 바라는 문화재생은 골목이야기를 통해 동구나 부산을 새로운 관광지로 만들고자 하는 것인데 초량 이바구길은 동구의 대표적인 스토리노믹스라고 할 수 있다.

그러나 특정 공간들을 연결하여 부산 역사, 서민들 이야기를 들려주고자 하는 초량이바구길은 백지 위에 그림을 그리듯이 관이나 전문가의 의도대로만 생산할 수 없다. 초량이바구길은 초량사람들이 살고 있는 일상공간을 변형시키며 생산된 공간이기 때문이다. 이는 일상공간을 변형하는 작업이자, 그곳에 살고 있는 거주민의 일상을 변형하는 작업이다. 따라서 초량이바구길의 성공을 이야기할 때, 이 길이 들려주는 이야기가 얼마나 재미나고 유의미한가로만 판단해서는 안 된다. 초량이바구길은 기존의 초량을 어떤 공간으로 생산하고 있는가. 그 공간은 어떤 공간적 실천, 공간적 주체, 공동체를 생산하고 있는가. 이와 같은 문제들을 고려하지 않는다면, 부산시와 동구가 선언하는 '거주민의 삶을 존중하고 거주민이 살기 좋은 동네, 동구의 역사'를 보여줄 수 없다.

초량이바구길은 부산역에서 옛)백제병원, 남선창고, 담장갤러리, 초량교회, 초량초등학교 동구인물사 담장, 우물, 168계단, 당산, 이바구 공작소, 장기려 박사기념관 〈더 나눔〉, 금수사, 유치환의 우체통, 까꼬막, 마을카페, 수정산가족 체육관에 이르는 길이다. 이 길은 초량의 이야기, 부산다운 공간을 생산하려 한다. 이바구길은 시간 흔적이 드러나는 공간에 초량이바구길이라는 팻말을 세우고 초량의 이미지를 제공한다. 그리고 새로운 공간을 조성해서 초량이바구길의 장소감을 더욱 선명하게 체험할 수 있도록 한다. 그 중에 초량동구 인물사담장, 김민부 전망대, 유치환의 우체통, 이바구 공작소, 장기려박사 기념관 등은 사업 측에서 다시 조성한 공간이다. 동구청이 집계한 자료에 따르면 지난 3년 동안 이 공간을

지나간 사람들은 십만 명이 넘는다(표1).●10●

	2013~2015(누계)	2013년도	2014년도	2015.9.30현재
계	100,944	38,519	33,590	28,835
유치환우체통	32,244	8,040	12,080	12,124
이바구 공작소	68,700	30,479	21,510	16,711

표 1 _부산, 초량이바구길을 찾은 관광객 수(자료제공, 동구청)

동구와 재생전문가가 기획한 이 길은 어떤 공간적 실천, 공간적 주체를 생산하는가? 자세한 논의를 위해 초량이바구길 중에서도 사람들이 가장 선호하는 대표적 공간인 김민부 전망대, 이바구 공작소가 생산하는 공간적 실천, 주체를 살펴보고, 이러한 실천이 기존의 사회적 지배와 어떻게 연관되는지를 이야기해 보자.

김민부 전망대, 이바구 공작소의 끼어들기

사람들은 주로 '산복도로 버스투어'를 이용해 이 공간을 찾는다. 산복도로 버스투어는 부산 원도심의 특정한 장소들을 돌아보는 짧은 여행이다. 동구청에서는 매주 토 · 일마다 각각 2차례씩 버스투어를 운영하고 있다. 각 버스에는 두 명의 마을 해설사가 원도심의 장소들을 안내하고 있

●10● 동구는 초량이바구길을 찾은 관광객을 조사할 때, 이 길의 대표공간인 이바구 공작소와 유치환의 유체통을 드나드는 사람들의 숫자로 대신한다. 초량이바구길 중에서도 이 두 공간이 사람들에게 가장 인기 있는 곳이다.

다. 그 중에서 김민부 전망대와 이바구 공작소는 해설사들이 공을 들이는 곳이자 사람들이 애용하는 공간이 되었다. 168계단에서 김민부 전망대로 가려면 사진에서 보이는 주거골목을 지나가야만 한다(사진11). 산복도로 주거공간에서 골목은 길이자 마당이다. 거주민들은 골목을 사이에 두고 서로 담소도 나누며 화분도 키우고 장독도 놔둔다. 이곳에서 골목은 집이자 길이며, 공유공간이다. 이바구길이 유명세를 탈수록 많은 사람들이 이 골목을 지나다닌다. 이웃과 전유했던 골목은 이곳을 찾는 외지인에게 넘겨야 한다. 좁은 골목, 한쪽 벽면에는 김민부 시가 적힌 유리판넬이 있다. 관광객들은 이 앞에 서서 해설사의 설명을 듣고 거주민은 이 떠들썩한 소음을 참아야만 한다.

골목공간에서는 거주민, 관광객, 김민부시인(동구 및 전문가의 재현)이 서로 충돌한다. 이바구길 성공으로 이 충돌은 관의 통제로 흡수되고

사진 11 _ 김민부 전망대로 올라가는 골목길

그 속에서 관광객과 거주민은 소외되기 시작한다. 관광객의 경우 관이 정해 놓은 길을 따라 해설사의 설명을 들으며 이 공간 저 공간을 옮겨 다녀야 한다. 관의 공간적 재현은 관광객의 몸을 쉽게 붙들 수 없다. 이 공간에서 외지인은 스쳐지나가는 존재이기 때문이다. 그러나 이곳에 터를 잡고 사는 거주민의 경우는 다르다. 김민부 전망대로 인한 불편함은 거주민들이 살고 있는 공간을 불편한 곳으로 만든다. 거주민은 불편함을 관에 호소하지만 이 호소가 효력을 발휘하지는 못한다. 골목공간은 주거공간과 볼거리공간으로 분리되고, 관의 통제 아래 볼거리공간은 주거공간을 억압한다.

관광객의 경우 이 공간에 들어섰을 때, 관이 설치해 놓은 것들과 거주민들의 생활공간을 동시에 지각한다. 어떤 관광객은 거주민의 입장에서 불편함을 느끼고 관의 폭력성을 깨달을 수도 있겠지만, 이는 골목을 지나자 눈앞에 나타나는 김민부 전망대의 스펙터클로 봉합된다. 북항 앞바다를 한 눈에 내려다 볼 수 있는 전망은 또 다시 해설사가 전달하는 북항재개발의 청사진, 부산의 밝은 미래와 결합한다. 이 전망은 김민부 전망대의 스펙타클을, 부산의 발전된 모습을 체험하는 것으로 몸에 흡수된다. 스펙타클에 젖은 몸은 조금 전 그 모순의 골목, 충돌의 골목을 체험한 몸을 지워버린다. 게다가 거주민은 또한 간간히 김민부 전망대에 올라 이 불편함을 해소한다. 그리고 공적 폭력은 개인이 감내해야 할 것으로 축소된다.

　세계인의 여행책자 론리 플래닛 lonelyplanet 중, 선진국과 다른 공간인 '저개발국가●11●'를 소개하는 책자에는 특별한 워킹코스가 있다. 여행자는 책에 있는 안내에 따라, 1~2시간을 현지인이 살고 있는 일상 공간 한 가운데로 걸어 다니며 현지인의 일상생활을 들여다 볼 수 있다. 그러나 '선진국'을 소개할 때, 그들의 생활을 들여다보는 프로그램은 없다. 사람들의 생활공간을 관광화하는 것은 그 생활공간을 시각적으로 상품화하고 여행자 몸 또한 상품화하는 효과를 생산한다. 관광객의 공간적 실천은 여행지 생활공간을 식민지공간으로 만들고 자기 몸을 식민화한다. '저개발국가'에서는 생활공간을 관광화하는 일이 다반사지만, 선진국에서 저개발국가에서처럼 생활공간을 외지인에게 공개하는 경우는 거의 없다. 여기에는 경제적으로 부유한 사람의 프라이버시 privacy 를 지키는 것은 마땅한 일이고 그렇지 못한 사람의 프라이버시는 그렇게 중요하지 않다는 의식이 자리잡고 있다. 사적 私的 소유에 따라 프라이버시의 가치도 달라진다. 일상생활조차도 사적 소유라는 교환가치로 재단되는 자본주의에서 이는 그리 문제되지 않는다. 이바구길이 승승장구할수록 많은 사람들이 이 일상의 공간을 많이 찾는다. 이는 생활공간을 침범한다는 행동을 자연

──────────

●11● '선진국'이나 '저개발국가'라는 표현은 경제적 헤게모니를 쥐고 있는 국가가 만든 것이다. 본 연구에서 '저개발국가', '선진국'이라는 표현은 이러한 관점에 동의한 것이 아니라 서술의 편의상 사용한 것임을 밝혀 둔다.

스러운 것으로 만든다. 그 가운데서 이 길 위에 버티고 있던 사람들의 생활공간은 점점 더 상품화되고 식민지화되어 갈 수밖에 없다.

　많은 사람이 초량이바구길을 찾고 이바구길이 보여주는 부산성과 스펙터클한 환상에 매료된다. 동구는 관광객이 더 많이 찾아올 수 있도록 168계단에 모노레일을 설치한다. 사진11에 보이는 붉은 벽돌집(197번길 9) 옆에 모노레일이 있는 것을 확인할 수 있다. 원래 모노레일이 있던 곳에는 초록물탱크가 있는 회색집이 있었다. 모노레일 설치를 위한 도시재생법은 붉은 벽돌집과 초록물탱크의 회색집을 분리할 수 있는 근거를 제공한다. 모노레일을 설치하기 위해서 초록물탱크집만 허물어야하기 때문이다. 동구청은 168계단을 따라 초록물탱크집이 있는 라인만을 도시재생공간으로 설정했기에 벽돌집은 남겨두고 나머지 집들만 사들였다. 이런 상황 속에서 골목에 남은 사람들은 모노레일이 자신의 집 옆으로 지나가는 것을 감수해야만 한다. 이러한 도시재생법은 거주민을 분리하고 거주권리를 배제한다. 모노레일은 문제의 9번 집옆을 지나가고 이에 따라 더 많은 관광객이 이 집 앞을 지나간다. 자신의 집주변이 변화될수록 그리고 그 변화가 성공적일수록 집주인의 불편함은 커져간다. 그에 따라 도시재생이 생산한 모순도 커져간다. 몸으로 느끼는 불편함과 집주변이 유명한 곳이 된다는 자부심은 함께 커진다. 재현적 공간(일상적 체험의 불편함)과 공간적 재현(관과 전문가가 생산한 사회적 합의) 사이의 갈등이 증대하는 것이다. 그러나 집주인의 공간적 실천은 관의 통제에 맞서는 것으로 폭발하지 않는다. 집주인의 공간적 실천은 관과 전문가의 의도가 일상적 체험의 불편함을 지배하고 있다는 것을 알려준다. '나'라는 개인의 의견보다는 관이나 전문가의 생각이 더 합리적이라는 사회적 합의가 작동한 것이다. 집주인의 공간적 실천과 관의 공간적 실천은 이 골목의 통제권이 어디에 있는지를 잘 보여준다. 관은 도시재생법으로 김민부 전망대와 모노레일을 설치함으로써 이 골목에 자연스런 통제권을 행사한다.

> 모노레일에 탑승하면 탁 트인 부산항 전망과 함께 집들이 다닥다닥 붙은 산복도로 특유의 풍경을 한눈에 감상할 수 있다. 동구는 모노레일 설치로 인근 고지대 주민들이 가파른 계단을 오르내리던 불편을 덜고 새로운 관광명소가 될 것으로 기대하고 있다.(연합뉴스 2015. 3. 7)

모노레일이 설치되는 168계단은 부산역에서 김민부 전망대로 오를 수 있는 가장 짧은 경로다. 기사문은 모노레일을 통해 관이 생산하고자 하는 공간적 실천이 무엇인지를 잘 드러내 준다. 앞서 말했듯이 그것은 망양로를 관광지로 생산하고 많은 사람이 이 공간에서 '부산다움', '특이함'을 감동스럽게 인지하는 것이다. 또 거주민들의 불편함은 관이 제시하는 '편리함'으로 교환되기를, 그리하여 관에 순응하는 주민주체를 생산하고자 한다. 모노레일은 이곳을 더 많은 사람이 찾을 수 있는 공간으로 만들고 경제적인 수치로 그 효과를 입증하려는 관의 입장을 상징한다. 거주민 생활공간을 대상화하고 상품화하는 것보다는 동구 행정의 경쟁력을 강화하고 이 공간을 성공한 결과물로 만드는 것이 더 중요하다.

거주민들의 '불편함'을 덜어준다는 명분은 관의 이러한 욕망을 봉합시키는 장치다. 사람들이 관과 전문가가 들려주는 모노레일의 편리함에 고개 끄덕이며 응답하는 순간 망양로를 가난하고 열악한 주거환경을 가진 못사는 동네, 부산서민의 애환이 서린 동네라는 환상은 구체화된다. 그리고 사람들은 거주민의 생활공간을 상품화하는 흐름을 자연스러운 것으로 받아들인다. 일상생활에서의 체험은 '가난한 동네를 상품화하는 이 현실'을 당연시하게 되고 망양로 주거공간을 하나의 중심으로 환원하도록 한다.

> "이 계단은 나에게 슬픔과 동시에 기쁨이고, 반가움이고 그리움이란다"라고 할 아버지는 말씀하셨습니다. 기쁘면서 슬픈 게 무엇이고 반가우면서 그리운 건 무엇일까요?(부산광역시, 2012: 116)

이 가파른 계단은 그저 불편하고 열악한 주거조건이라는 중심으로 결정된다. 삶의 장소로서 이 계단에 배인 거주민들의 숱한 경험들, 감정들은 관이 생산한 '불편함'이라는 호명으로 부정된다. 그러나 이 부정은 이 존재들을 없애는 것이 아니라 이 존재들을 없는 것으로 '합의'한 것이다. 이 과정에서 주체가 주체를 스스로 부정하는 결과가 발생한다. 호명은 '합의과정 없는 합의'다. 이 합의는 계단을 오르는 것보다 모노레일을 이용하는 것이 더 합리적이라는 사실을 진리로 만드는 것이다. 계단을 오르는 것이 모노레일을 이용하는 것보다 불편한 것은 부정할 수 없는 사실이다. 그러나 이 두 이동수단 사이에 그러한 사실만이 있는 것은 아니다. 계단을 오르는 행위는 목적지에 다다르기 위해 거쳐야 하는 과정을 몸이 체험하도록 한다. 반면, 모노레일은 목적지에 이르는 기계의 속도를 체험하도록 한다. 이는 과정으로서의 몸과 결과물을 중시하는 속도에 길들여진 몸을 생산한다. 후자의 몸은 속도의 스펙타클에 젖은 몸이다. 결국 속도가 만든 가상의 몸은 몸 자체의 움직임을 부정하고 차이를 생산하며 새로운 주체가 되려는 주체의 긍정성도 부정한다.

계단과 함께 삶의 장소를 꾸미며 살았던 할아버지의 공간적 실천과 '부산인'에 호명당한 공간적 실천은 다르다. '부산인'에 순응한 몸은 길고 긴 계단에 배인 몸과 몸으로 체험하는 슬픔, 기쁨, 반가움, 그리움을 밀어내고 할아버지의 공간을 부정한다. 그리고 '부산인'이라는 주체가 거주민의 주체를 통제하게 된다. 그런데 이 '부산인'은 국가의 허락을 받은 관의 질서가 생산한 '부산인'이다. 망양로 거주민은 '부산인'이라는 가면을 쓴, 국가가 호명하는 주체에게 자신의 자리를 내주어야 한다. 이는 거주민 스스로가 장소와 관계하는 자신의 주체성을 부정하도록 강제하는 효과를 생산한다.

　관은 '열악함'으로 이 지역을 호명하고 이 열악함을 해소하기 위해 설치한 모노레일은 외지인들이 이 공간에 배어 있는 모순을 보지 못하도록 한다. 모노레일로 이곳을 찾는 사람들은 망양로 원도심 공간생산의 역사, 그 모순이 배어 있는 현장을 체험할 기회를 차단당하는 것이다. 나아가 이곳이 르네상스사업으로 혜택을 받는 곳이 되었고 발전의 길로 접어들었다는 사실도 곧 진리가 된다. 산복도로의 삶이 더 편안해 질 수 있기를 바라는 순수한 마음은 산복도로 르네상스가 더욱 확장되기를 바란다. 그러나 역설적이게도 이 과정에서 망양로의 체험 공간, 재현적 공간은 (관과 전문가가) 기획한 공간적 재현에게 자리를 내준다. 공간적 실천은 관이나 전문가 욕망을 담은 공간적 재현으로 통제되는 것이다. 이는 망양로의 일상을 파편적으로 만들고 이곳 사람들이 자기 주체성을 부정하도록 만드는 구조를 자연스럽게 수용하도록 한다. 즉 지배 질서의 공간적 재현에 순응하는 주체를 생산하도록 하는 것이다. 그리고 그 공간을 지나면서 느낄 수 있는 불편함은 스펙타클한 '부산성'으로 녹아든다.

　이러한 주체, 부산인을 생산하는 일은 곧 망양로의 일상적 삶을 부정하는 폭력과 결합한다. 폭력은 거주민을 위한 편리함으로 그리고 부산의 문화적 메카라는 환상으로 숨는다. 거주민은 자신이 살고 있는 거주공간에서 스스로를 소외시키고 외지인은 자신의 몸이 아닌 전문가의 몸으로, 부산에 살고 있는 사람이 아닌 '부산인'의 몸으로 망양로를 지각한다. 이렇게 재편되는 망양로 일상공간은 "지배 경제의 이미지"로서 스펙터클을 여실히 드러낸다(배영달, 2009: 181). 거주민과 관광객이 이 공간과 관계하며 느낄 수 있는 자본주의적 공간의 모순, 또 그것이 가리키는 사회적 모순을 느낄 기회는 지연된다. 다르게 느끼고 생각하고 실천할 수 있는 가능성, 조절의 주체를 생산할 수 있는 가능성은 차단된다. 불편을 느끼는 거주민과 관광객이 서로의 생각을 나누며 공간의 모순을 인지할 가능

사진 13 _ 공작소 계단과 그 옆 주택, 14–5번지

성도 차단됨으로써, 모순공간에서 차이공간을 생산하고 이를 조절할 수 있는 가능성이 연기되는 것이다.

초량이바구길 중에서도 이바구 공작소는 전망대로서 으뜸인 곳이다. 이바구 공작소 1층, 뱃머리 모양 전망대에 오르면 스펙터클은 더욱 커진다. 바다와 사람이 사는 공간이 한 데 어울린 경관을 볼 수 있는 독특한 장소감은 색다르다. '아, 이게 부산이구나', 장소의 황홀감은 부산에 살고 있는 자신에 대한 만족감으로 바뀐다. 초량마마맨션 바로 옆에 조성된 이바구 공작소의 1층 전망은 포토존으로 최고의 인기를 구가하고 있다. 이바구 공작소 또한 김민부 전망대와 마찬가지로 거주민들의 생활공간 한가운데 위치해 있다. 도로에 인접한 한 부분만 제외하고 공작소의 나머지 주변은 모두 주택으로 둘러싸여 있다. 공작소 계단에 인접한 집(14-5번지)은 공작소가 지어질 때부터 불편함을 감수해야 했다. 이러한 사정은 김민부 전망대 부근 집과 다르지 않다. 동구는 이 집을 사려 했으나 집주인은 팔지 않았다. 계단 난간에 설치된 스티로폼은 일상이 노출되지 않기를 바라는 집주인의 마음, 일상이 노출되는 것이 불편한 집주인의 마음을 드러낸다.

현재는 떨어지고 없지만 한동안 이 스티로폼 벽 위에는 닥종이 인형판이 붙어 있었다. 이 닥종이 인형판은 공작소 지킴이가 설치한 것이다. 지킴이가 이 판을 붙인 것은 스티로폼 계단 벽을 예쁘게 꾸미려는 마음 때문이었다.●12● 14-5번지의 스티로폼장치가 이바구 공작소때문에 발생한 공간적 폭력에 반응하는 것이라면 인형판은 이 집주인의 표현에 응답하는 것으로 볼 수 있다. 이바구 공작소 지킴이는 망양로 원도심을 살기 좋은 마을로 만들겠다는 산복도로 르네상스 사업에 대한 믿음을 가지고 이 사업을 적극적으로 수행하는 주민이 된다. 그리고 거주민들 사이에 화합이 아닌 분리가 일어난다. 이 "분리의 테크닉"은 스펙터클한 분리로서 거주민들 사이의 새로운 거리를 재생산한다. 사업 수행과 거리가 먼 거주민은 이제 산복도로 르네상스 프로젝트의 진리를 수용하지 못하는 이단자가 된다. 거주민은 관의 사업으로 불편함을 개인의 몫으로 감당해야 하는 것을 수용하고 자신이 살던 장소에서 계속 살기 위해서는 어쩔 수 없는 일로 여기며 순응한다.

이바구 공작소가 성공할수록 14-5번지의 불편함은 늘어간다. 늘어나는 관광객으로 이 집은 스티로폼담을 만들고 마당을 가리는 천덮개까지 만들어야 했다(사진13). 이바구 공작소가 성공할수록 집주인의 불편함이 커가는 이 모순은 오늘날 도시재생이 생산하는 문제를 단적으로 보여준다. 동구청은 이 집주인을 공작소에 취직시킴으로써 '불편함'을 무마하고 이바구 공작소가 생산한 모순을 봉합한다. 관의 통제와 자신의 일상을 보

●12● 이바구공작소에 닥종이 인형 전시하고 남은 것인데 벽이 좀 더 예쁘게 보이라고 설치한 것이다(이바구 공작소 지킴이와의 인터뷰 중에서).

호하려는 실천으로 분리가 일어나고 이 분리는 차이를 생산할 수 있는 계기가 될 수 있었다. 그러나 이 계기는 관이 생산하는 동질성, 즉 주민을 위해 이 공간을 변형했다는 사실을 거주민들이 신뢰할 때 사라진다. 이바구 공작소가 보여주는 관의 욕망은 관의 동질성을 잘 흡수하는 공동체를 생산하는 것이다.

김민부 전망대와 마찬가지로 이바구 공작소의 성공은 그곳에서 살고 있는 삶의 장소를 상품화, 스펙터클화한다. 이 두 공간 사이를 오가는 것은 이 스펙터클 효과를 배가한다. 그리고 망양로 원도심이 과거 부정의 공간이었다는 사실을 지우고 이를 긍정의 공간으로 덧칠한다. 르네상스 프로젝트인 초량이바구길, 그 중 일부인 김민부 전망대와 이바구 공작소는 이 공간을 긍정공간으로 인지시키는 매개다. 그러나 이 부정과 긍정은 국가생산주의, 자본이, 관이 호명하는 것이다. 관광객이 받아들인 긍정, 그리고 이 긍정에 동화된 주민들의 긍정이다. 이는 거주민들 스스로가 그들의 삶과 관계하면서 함께 맺은 긍정이 아니다. 이 가상적 긍정의 이면으로 거주민의 장소감은 가라앉는다. 그리고 그 서민의 공간, 노동자의 공간에 르네상스 사업이 기대어 있다는 증거도 지워진다. '부산성'의 이름으로 외부인들을 부를 수 있는 정당성을 마련하고 외부인들의 시선을 끌 수 있는 장소들을 모아 길을 낸다. 이러한 이바구길의 모순은 곧바로 산복도로의 모순으로 이어진다. 이바구길의 성공은 거주민 일상공간을 침범하는 폭력을 통해 이루어진다. 그러나 이 폭력은 이바구길이 조성하는 스펙터클로 은폐된다.

도시는 노동자 없이, 노동자의 공간 없이 유지될 수 없는 공간이다. 도시화는 노동자의 공간을 주변부로 몰아넣는다. 도시에서 자본이 집중된 곳은 누구도 쉬이 접근할 수 있다. 그러나 주변부는 감춰진 곳, 접근성이 떨어지는 곳, 그래서 자본이 눈독을 들이지 않는(자본이 덜 드는) 공간이다. 도시, 특히 그것의 스펙터클한 경관은 자신을 형성한 노동을 감춘다. 이는 경관 생산을 둘러싼 지배관계를 은폐한다. 서민·노동자 공간인 망양로 원도심은 부산 도시의 중심 만들기 전략에서 소외된 사람들이 형성한 일상적 삶의 공간이다. 자본주의 도시 공간의 모순을 보여주는 이곳은 최대한의 차이를 향할 수 있는 가능성의 공간이다. 이 최대한의 차이는 자본주의적 모순을 생산적으로 전환할 수 있는 가능성의 공간을 향해 나아간다. 그런데 이바구길의 공간적 실천은 이 최대한의 차이를 최소한의 차이로 환원하고자 한다. 망양로 일상 공간의 다양한 차이는 '부산성'이라는 동질성으로 흡수되고 그 속에서 우리는 '부산인'이라는 자부심을 확인한다. 이바구길은 망양로 원도심 거주민들이 추상적인 '부산인'으로 거듭나길 유혹한다.

망양로 원도심, 유일한 '풍경'의 비밀

부산시는 일부 산복도로를 도시재생 사업지로 채택했다. 동구 산복도로 (초량이바구길), 망양로는 그 중에서도 현재 가장 부각되고 있는 사업지다. 감천동 문화마을처럼 초량이바구길을 따라 이바구 공작소, 김민부 전망대로 관광객이 오고간다. 산복도로 르네상스의 첫 사업지인 이곳은 앞서 분석한 문제점에도 불구하고 '부산 원도심 재창조를 위한 창조경제플랫폼 구축사업' 대상지로 선정되었다. 이바구 공작소가 있는 산복도로는 감천마을을 제치고 부산의 새로운 명소, 새로운 브랜드로 자리매김할 일만 남아 있다. "'부산 원도심 재창조를 위한 창조경제플랫폼 구축사업'은 도시재생특별법에 근거한 정부의 첫 도시재생 공모사업으로 북항재개발구역 및 부산역 일원을 중심으로, 항만, 부산역의 역세권, 산복도로의 노후주택 밀집지역, 초량동 상업지역 등 초량동 일대 3.12㎢의 원도심 일원을 재창조하는 사업이다."●13●

이 사업은 중앙정부와 부산시가 각각 250억 원을 들인 총 500억 원 규모다. 부산항과 부산역 일대 그리고 동구 망양로에 이르는 공간을 연결하는 것이 이 프로젝트 내용이다. 초량동 일대 3.12㎢에 해당하는 지역은 바로 부산역에서 168계단을 지나 김민부 전망대 이바구 공작소 그리고 금수사

●13● 대학생 기자단, 부산, 북항-원도심 연결, 국토교통부 공식 블로그, http://korealand.tistory.com/5590

를 지나 유치환의 우체통에 이르는 길이다. 이로써 망양로는 국내 관광객만이 아닌 외국 관광객까지 유치하기 위해 새롭게 단장된다. 168계단 모노레일은 관광객이 이 길을 좀 더 편리하고 빠르게 지나도록 하는 장치다. 그리고 만디버스도 이 창조플랫폼 구축사업이 제대로 유통될 수 있도록 하는 장치다. 2015년 5월 22일 부산시청 국제회의실에서 열린 '만디버스 활성화 방안' 토론회에서는 산복도로 버스투어의 성공은 산복도로를 일컫는 산만디에 버스를 대량으로 투입하자는 사회적 합의를 이끌어 냈다. 그러나 이 합의조차 명목상의 합의다. 왜냐하면 이 공간에서 살고 있으며 이 공간을 분비하고 있는 거주민 의견은 배제되었기 때문이다. 참석한 거주민은 관의 입장을 대변하는 대표 주민일 뿐이다.

산복도로 버스투어의 성공 기준은 관광객을 성공적으로 유치하는 데에 달려 있다. 본격적으로, 망양로 원도심 공간가치가 수량적으로 평가되기 시작한 것이다. 그리고 거주공간의 가치는 또한 이 평가에 좌우된다. 거주민은 이러한 외부의 조건에 따라 그들의 공간이 변화하는 것을 지켜봐야만 한다. 이러한 도시재생은 공동체 재생을 빌미로 "관광과 여가"를 겨냥한다. "관광과 여가는 건설과 부동산 투기, 전면적인 도시계획을 보완하며, 대규모 투자를 끌어들이고 수익을 낳는 부문이"기 때문이다(르페브르, 2011: 504). '문화도시', '도시재생', '창조도시'라는 바람은 원도심을 재료로 무엇인가를 만들어야만 한다는 욕망을 유행시켰다. 이 욕망은 '문화는 우리에게 무엇이고' '도시를 문화적으로 만든 것을 가로막는 문제가 무엇인지' 등을 끈질기게 문제시하기보다는 '역사', '빈곤', '정체성', '지역성'의 문제를 드러내는 데만 집중하고 '경제적 효과'를 위해 장소를 상품화하는 전략을 적극적으로 추진한다.

동구는 초량이바구길의 성공에 고무되어 '수정이바구길 조성', '좌천이바구길 조성', '270계단 벽화조성' 사업을 2015년 1월에 공고했다. 이 길들은 동구이바구길의 성공을 경제적 효과로 바꾸려는 관의 욕망이 더 적극적으로 구현되고 있는 것을 보여준다. 망양로 위에 전망대가 늘어나고 있는 것도 이러한 욕망과 무관하지 않다. 초량이바구길에는 전망대가 많다. 김민부 전망대, 이바구 공작소, 유치환 우체통 그리고 하늘 데크 등. 버스로 두 구간에 이르는 길 위에 전망대가 4군 데나 있다. 그리고 이 전망대가 위치한 곳은 망양로에서도 경치 좋기로 유명하다. 전망대를 설치하는 것은 이 공간의 특이성을 교환 가능한 것으로 바꾸겠다는 관의 의지를 여과 없이 보여준다. 망양로 전경과 일차적으로 교환되는 것은 부산성이라는 장소감이고, 이차적으로 교환되는 것은 관광객의 숫자다. 전망대로 사람이 많이 몰릴수록 일차적 교환은 사라진다. 왜냐하면, 이제 이곳은 사람들이 북적대는 또 피곤한 관광지일 뿐이기 때문이다. 특히 외국인 관광객까지 유치하려는 창조플랫폼 사업은 전망대 생산의 일차적 의미는 형식적이라는 것을 드러낸다. 이로써 부산만의 유일한 풍경이라는 특이성은 새로운 상품이 된다. 망양로 원도심은 오랜 세월동안 자본이나 관이 호명하지 않았던 공간으로 자본이 흘러 들어와 균질화된 공간으로 변형될 계기를 가지지 않았다. 헤테로토피아의 성격을 띤 이 특이한 공간은 현재와 같은 도시재생방식을 통해 관광객을 불러 모으는 수단이 되고, 주민과 시민의 화합을 유도하는 전략적 도구가 된다.

망양로 특이성은 바다를 바라볼 수 있다는 것만으로 형성되지 않는다. 부산에서 바다를 바라볼 수 있는 높은 지대는 얼마든지 있으며 망양로 이외에도 많은 산복도로가 있다. 그 산복도로들 중에서도 망양로가 특이한 것은 망양로 주변의 독특한 주택구조 때문이다. 또 하나 북항이라는 항구를 내려다 볼 수 있다는 것도 망양로가 특이한 공간이 되는 데 일조한다. 망양로 특이성은 다음의 세 가지 이유로 형성되었다. 망양로에서 독특한 주택구조, 북항, 일상생활공간을 볼 수 있다는 것이다. 부산시가 1963년 시행한 부두지구구획사업으로 북항이 확장될 수 있는 발판이 마련되고 지금의 망양로가 생겼다. 그 때문에 그 주변 판자촌이 헐리고 그곳 사람들은 여러 차례 추방되었다. 망양로 특이성은 자연적 경관으로 형성된 것이 아니다. 이는 자본과 국가 제도가 만든 합법적 폭력 속에서 거주민이 자신의 일상공간을 분비하며 생산한 것이다.

이 특이성의 공간은 추상공간인 이소토피아와는 다른 헤토로토피아의 성격을 띤다. 이소토피아는 경제적인 것이 지배하는 공간으로 양화되고 균질화된 공간이다. 그리고 동질성으로 다양한 차이를 부정하는 모순 공간이다. 이 공간에서는 국가장치와 이데올로기적 국가장치의 지원 아래 시각화의 논리, 균질성의 논리, 관료주의가 헤게모니를 잡고 통제권을 발휘한다. 이 통제 속에서 가상의 몸이 실제의 몸을 통제하고 부정하고 추방한다. 그리고 모든 다양한 차이, 최대한의 차이는 단 하나의 중심, 단일성으로 흡수되어 최소한의 차이가 된다. 이 통제는 폭력을 동반하는 균등화의 과정, 상품화의 과정이다. 전망 좋은 곳에 전망대부터 설치하고 보려는 공간재생방식은 이 공간을 추상적 공간, 이소토피아로 생산하려 한다.

이미 언급했듯이 이 통제는 사람들의 생활공간을 파괴하고 그들이 자신들의 장소에 개입할 수 있는 권리를 빼앗고, 삶의 장소에서 자신이 느낀 다양한 경험을 서로 표현하며 공동권력을 형성할 기회를 박탈한다. 이는 삶의 장소에서 자기 존재가 뿌리 뽑힌 채 살게 만드는 폭력이다. 또한, 다양한 차이들이 조절될 수 있는 가능성을 차단하고 지배적인 세계관, 하나의 단일성을 복사하는 수동적 주체, 동일한 주체를 생산하고 통제하는 통제의 공동체를 생산한다. 이처럼, 이소토피아는 헤테로토피아를 부정함으로써 헤테로토피아를 자신의 동질성 속으로 흡수하거나 추방한다. 스카이웨이 주차장과 같이 건설되는 하늘데크는 주변의 오래된 벚나무와 측백나무를 일방적으로 베어냈고 관은 이를 허용했다. 하늘데크 전망대는 르네상스 프로젝트가 생산하는 공간의 성격을 상징적으로 보여준다.

　망양로 원도심의 일상생활공간에서는 자본주의적 추상공간화가 덜 진행되고 있었다. 이곳에는 주택들이 제각각이고, 다양한 형태의 골목이 있다. 부산항 부두, 부산역이 있는 중앙로에서 산꼭대기로 올라가는 가파른 직선의 계단을 제외하면 나머지 길들은 대부분 곡선 형태다. 집들이 땅 위에 자리 잡은 형태도 제각각이고, 집들이 서로 마주 선 각도도 제각각이다. 집 앞, 골목 계단 등은 집의 내부이면서 외부이기도 하며 이웃과

사진 14 _ 원도심 골목 [사진: 이수진]

휴식을 나누는 공간이기도 하며 사람들이 지나다니는 길이기도 하다. 여기서는 공동으로 공간을 전유하고 다양한 장소가 중첩되기도 한다. 최소한의 차이로 묶어내는 운동이 거의 없는 이러한 공간은 최대한의 차이를 드러낸다. 동 호수, 집 호수의 차이만 있고 동일한 거주공간에서 사는 현대인늘, 자산 가치에 따라 사는 곳을 옮기는 것이 자연스러운 현대인들은 일상생활을 통해 자신의 사는 장소에 뿌리내리는 경험이 적다. 자산축적을 위해 생활공간을 옮기는 것은 지극히 당연한 이치다. 성공한 도시인은 언제든 삶의 공간을 옮길 수 있는 경제적 능력을 가진 이다. 그러나 망양로 원도심 사람들은 그 공간에서 뿌리를 내리며 살 수밖에 없다. 그래서 이곳 사람들은 서로 얼굴을 맞대고 일상적 경험을 오랫동안 공유해 왔다. 서로가 논리정연하게 자신을 표현하지는 않지만 다들 제각각의 몸짓으로 자신을 표현하고 다른 이를 대한다. "이른 아침 등산을 나서다 이웃

사진 15 _ 원도심 골목 [사진: 이수진]

사진 16 _ 원도심 계단 [사진: 이수진]

사진 17 _ 원도심 계단과 길 [사진: 이수진]

집 하수도가 터진 것을 보고 시멘트를 발라준다. 그러고선 다시 등산을 나선다. 그걸 본 집주인은 그냥 웃고 등산 가던 할아버지도 웃는다(다큐 3일, 산복도로 중에서)." 이곳에서 이웃은 긴 시간을 함께 한 가족 같은 존재다. 그들에게 이 경험은 일상적인 것으로서, 사례 謝禮 를 주고받아야 할 것이 아니다. 망양로 원도심 거주민들은 삶의 공간을 공유하며 함께 공간을 분비한다. 이들은 생산영역에서와는 달리 자신들의 일상생활공간에서는 자발적으로 관계한다. 이러한 일상생활 공간은 노동으로 지친 몸을 해방시켜주기도 한다. 이 공간에는 일방적 교환가치보다는 사용가치가 더 많이 흐르고 있다. 단절된 개인보다는 함께하는 관계가 더 흐르고 있다. 그러나 이곳에서의 조절이나 사용가치는 투쟁을 통해 획득한 것은 아니다.

도시재생사업, 부산 산복도로 르네상스 프로젝트 초량이바구길은 헤테로토피아로 존재하던 망양로 원도심 일상공간을 이소토피아화하기 시작했다. 현재, 이 공간에는 이소토피아와 헤테로토피아가 서로 조용히 충돌하고 있다. 이는 공간적 재현과 재현적 공간이 갈등상태에 접어들었다는 것을 의미한다. 이 갈등은 공간적으로 표출되고 있다. 그리고 거주민들의 공간적 실천은 통제받기 시작했다. 앞서 서술했듯이, 일상의 장소에 폭력적으로 개입하는 관의 통제는 삶의 장소를 관광지로 만들고 있다. 그 가운데 거주민 삶의 장소는 배제되지만, 그렇다고 실제 이 장소가 완전히 사라지는 것은 아니다.

반듯한 새 계단이 울퉁불퉁한 오래된 계단의 공간으로 끼어든다. 공간은 분리되고 이 분리는 갈등과 차이를 생산한다. 오래된 계단에는 거주민 손길이 군데군데 쌓여 있는데, 울퉁불퉁한 계단의 질은 이를 함축적으로 보여준다. 이 공간은 르페브르가 말하는 일상생활의 비축적 성격 hot 을 상징한다고 볼 수 있다. 르페브르는 재현적 공간에는 격동적이고 뜨거움 hot 있는 반면 공간적 재현에는 이성적이고 합리적인 냉정함 cool, 축적적 성격 이 있다고 본다. 재현적 공간이 울퉁불퉁하며 균질화되지 않는 성격을 띤다면 공간적 재현은 현실의 울퉁불퉁함을 하나의 질서로 만드는 추상적 성격을 띤다. 이 갈등은 추상공간과 차이 공간 사이, 통제와 조절 사이, 노동자주체 해체와 노동자주체 귀환 사이에 있다. 그런가 하면 새 계단은 신 新 기술과 재료가 생산한 반듯한 평평함을 가지고 있다, 이는 냉정함 cool 을 상징한다고 볼 수 있다. 오래된 계단과 새 계단이 만나면서 갈등과 차이가 생산된다. 새 계단으로 오래된 계단은 낡은 것으로 지각되고, 오래된 계단으로 새 계단은 (울퉁불퉁함을 지우는) 냉정한 것으로 지각될 수 있다. 이 사이에서 갈등이 발생한다. 골목은 어떤 공간으로 변화될 것인가? 이는 갈등을 일으키는 두 힘의 경합에 있다. 도시재생으로 인한 공간생산, 헤테로토피아의 이소토피아화는 역설적이게도 이 공간을 모순이 드러나는 갈등의 공간, 가능성의 공간으로 생산한다.

북항은 부산이 최첨단 도시라는 환상을 보여줄 수 있는 공간, 거대한 이소토피아의 꿈을 구현하는 공간으로 재탄생하려 한다.●14● 망양로 주변 공간이 이소토피아화되는 폭력의 과정은 이 거대한 환상으로 봉합된다. 이 환상은 북항에서 또 다시 쏟아질 생산력이 원도심 일대를 희망의 공간으로 변모시킬 것이라는 기대감이 만든 것이다. 이바구 공작소, 내부 벽면에는 부산 동구의 역사를 구성한 이미지를 걸어 놓았다. 북항 해안선 주변의 거대한 마천루들은 동구의 미래로 설정되어 있다. 김민부 전망대 해설사도, 이바구 공작소 지킴이도 북항재개발이 곧 부산의 발전이라는 것을 이야기한다. 초량이바구길 위에서 북항재개발은 부산과 동구의 미래라는 사실이 '진리'로 조성된다. 부산시와 동구청은 초량이바구길을 통해 그들이 구현해야 할 공공성을 특정계급의 이익으로 전환하고 있다. 이는 공적인 것을 사적 이익의 도구로 사용하는, 아렌트가 말하는 '정치적'인 행동이다. 북항재개발로 거듭나고자 하는 동구의 미래는 아래로부터 발생하는 자발성에 토대를 둔 공동체의 미래와 성격이 다르다. 이 미래는

●14● 북항재개발 사업이 처음부터 "시민을 위한 재개발 사업"임을 표방하였다. 이러한 방향성은 2007년 故노무현 대통령이 '시민들이 슬리퍼를 신고 와서 가족들과 함께 바다를 즐길 수 있도록 친수형 시민공원으로 만들자'는 초기의 제안에 이미 내포되어 있었다. 따라서 북항재개발 사업이 시민을 위한 것이 될 수 있으려면, 시민 모두의 요구를 고르게 반영한 재개발이 되어야 함을 의미했다. 그 뿐만 아니라 그러한 재개발이 시민 일반이라는 일반적인 범주만이 아닌, 특수하고 소외된 시민들, 심지어 지금은 시민이 아니지만 앞으로 시민이 될 수 있는 그러한 잠재적 시민들까지 염두에 두어야만, 북항재개발 사업은 시민을 위한 재개발이라는 정신을 제대로 실현할 수 있었다. … 시민 모두를 위한 재개발, 이로서 모든 시민이 수혜자가 되는 재개발만이 북항재개발 사업의 지역적·지구적 공공성을 오롯이 지지줄 수 있는 것이다. 하지만, 정작 북항재개발 사업은 그 공공성을 공고히 하는 데 절반의 성공도 채 거두지 못했다(북항재개발 라운드테이블 백서 발간위원회 (2014), 『북항백서』, 부산항만공사, 50쪽). 부산항만청에서 북항재개발 사업을 발표하고 시행하는 과정에서 공론화는 제대로 이루어지지 않았다. 또 북항재개발을 둘러싼 부산항만청과 부산시의 동상이몽은 북항재개발을 시민들에게 충분히 공고해야하는 의무를 저버리도록 했다.

자본의 거대한 축적을 예고하는 부동산 사업에 따라 좌우된다. 모두의 공간이 될 수 있는 장소에서 다양한 주체들로 구성된 관광객과 거주민에게 관의 입장만을 주입하려는 것은 폭력이다. 이는 거주민들이 자발적으로 공동체를 형성할 수 있는 행위 가능성을 막아버리는 것이다.

북항재개발 사업은 땅의 80%를 민간기업의 투자금으로 유치했다. 그 땅 위에 오페라하우스를 짓고 랜드마크적인 시설물을 세우는 것으로 세간世間의 관심을 끌었다. 사람들에게 부산 청사진을 보여주려 했던 북항재개발사업의 '공공성'은 2012년부터 의심받아 왔다. 이 또한 아렌트의 '정치'와 다른 '정치적'인 행동이다. 관은 북항과 망양로가 하나되는 공간, 원도심을 만들고자 한다. 관의 이 욕망은 그 원도심을 거대한 이소토피아로 생산하려 한다. 원도심을 이소토피아화하고 그 이익을 특정계급에게로 돌리고자 하는 희망은 망양로 주변 원도심을 더 깊은 어둠의 헤테로토피아로 견고하게 봉인할 것이다. 그 헤테로토피아에는 지금과 같은 산복도로의 특이성은 없다. 북항 해안으로 들어설 마천루들은 망양로를 무색하게 만들 것이고 도시재생으로 균질화된 공간은 더는 경쟁력을 갖춘 상품이 될 수 없을 것이기 때문이다. 현재 진행 중인 북항재개발은 북항 원도심을 부산의 대표적인 이소토피아로 만드는 데 전력을 기울인다. 도시재생, 이바구길이 생산하려는 '부산인'이라는 주체는 북항이 가져다 줄 부산의 번영을 쉬이 믿도록 한다. 이는 국가의 정책적 개입이 기업주의 도시개발을 지원하는 방식과 유사하다.

북항재개발 바람, 망양로-원도심 삶의 공간

북항재개발은 망양로-원도심 공간에 젠트리피케이션을 불러올 위험이 있다. 이미 40계단 주변의 중앙동 상업지구의 젠트리피케이션은 이미 진행되고 있다. 그리고 노동자들의 일상공간인 망양로 원도심에도 젠트리피케이션의 징후가 나타나고 있다. 젠트리피케이션의 문제는 "임대료 상승에 따른 이주가 발생하고 이로 인한 거주민의 스트레스가 발생한다는 점, 공동체의 갈등이 격화된다는 점, 부동산 가격 상승과 상승지역의 형성 때문에 거주민들이 대체된다는 점, 그리고 사회적 다양성이 축소되고 빈민가에 대한 압박이 증가한다는 점"이다(Atkinsan, R & Brige, G, 2005: 5). 소수 개발업자의 이익을 보장하기 위해 대다수 서민들의 생존공간이 파괴된다는 점에서 젠트리피케이션은 심각한 문제상황으로 부각되고 있다. 게다가 정부는 종종 젠트리피케이션과정에 저항하는 세력에 대해서는 공권력을 동원하여 이를 무력화시키기도 한다. 부의 양극화를 점점 더 심화시키는 신자유주의에서 젠트리피케이션 문제는 점점 더 원거주민의

삶을 치명적으로 만든다. 이 문제를 간과한다면 도시개
발, 도시재생은 결국 거주민을 자신이 살던 곳에서 추
방하는 사업이 될 것이다.

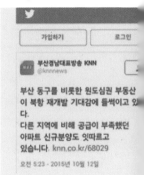
사진 18 _ 원도심권 부동산광고

　"우리 보면 어디야 그 유치환 청마 유치환우체통 밑
에 맨 밑에 칸에 작은 무대를 안 만들어 놨습니까? 예,
그렇게 하면 몇 달에 한 번씩 공연을 합니다. 공연을 하
면, 겨울에는 그래도 괜찮은데 여름에는 사람들이 옷을
막 벗는데 옷도 벗질 못하고 유리창도 못 연다고 열심히 말을 하고 반기
를 드는 사람들이 있거든요. 그런데 그 사람은 그 집값이 배 이상으로 올
랐습니다. 거기 들어섬으로 해서(부산창조재단, 2014: 38)." 2015년, 현재
망양로 주변 땅값은 대체로 오름 추세를 보인다. 특히 북항재개발은 원도
심 일대의 땅값이 오르도록 하는 강력한 요인이다. 그리고 망양로 원도심
재생 프로젝트는 이를 지원한다. 서울에서 내려온 20여 개의 부동산이 산
복도로에 있는 집들을 매매하는 데 집중한다.●15● 지금 동구 망양로에
서는 누구의 집이 얼마에 팔리고 있다는 얘기가 핫 이슈라고 한다. 이미
거주민들 사이에는 어수선한 분위기가 조성되어 있는 것이다. 이바구 공
작소나 김민부 전망대가 만들어지고 난 후 생활은 불편해 졌지만 이를 감
수하는 주민도 있고, 내심 오를 땅값에 대한 기대감으로 참는 주민도 있

●15● 마을공동체 민간협의회의 변강훈 운영위원장, 할매레스토랑과의 인터뷰 중에 나온 이야기다. 이 부동산들은 점조
직으로 움직이고 있어, 이들의 실체를 추적하는 것은 쉽지 않다고 한다.

다. 그리고 불만이 있다 하더라도 동구청에 개인적으로 불만을 토로하는 정도다.

그런데 만약 주택을 소유하지 못했거나 무허가 주택인 경우는 젠트리피케이션의 치명적 문제를 고스란히 흡수할 것이다. 현재 한국에서 도시재생이 봇물터지듯 진행되는 만큼 젠트리피케이션 현상도 불거지고 있으며 이를 우려하는 목소리도 도드라지고 있다. "서울시는 지난 23일 대학로, 인사동, 신촌·홍대 앞·합정 등 6개 지역의 젠트리피케이션 방지 종합대책을 내놨다. 상생협약을 맺어 임대료 인상을 억제하고, 서울시가 부동산을 매입해 만든 앵커(핵심)시설을 영세 소상공인, 문화예술인 등에게 싸게 임대해준다는 것이다. 임대료 규제로 막아보겠다는 시도다(한국경제신문, 2015: 11.27.)." 이에 부산시도 지난 12월 18일 '또따또가'를 중심으로 젠트리피케이션 방지 대책을 발표했다. "시는 건물주와 예술가, 중구 등이 참여하는 민관협의체를 구성한 뒤 예술가한테 임대료를 크게 올리지 않도록 하는 내용의 상생 협약체결을 이끌어 내기로 했다. 임차·임대인 상생협약, 리모델링 지원을 통한 장기임대보장, 분쟁조정위원회 설치 등의 내용이 담긴 조례 제정도 추진한다(한겨레신문, 2015: 12.18.)." 지방자치단체 조례의 실질적인 효력을 감안한다면, 부산시의 이러한 발표는 형식적인 것에 지나지 않는다. 그리고 부산시가 추진하는 이러한 협약은 공간을 빌리는 사람과 공간을 빌려주는 사람이 사이좋게 잘 해보라는 것 말고는 아무것도 보증하는 것이 없다. 그리고 이러한 협약은 법적인 재산소유권 앞에 무력해질 수밖에 없다. 또한 중앙동의 예술가만 젠트리피케이션의 피해자가 아니다. 또따또가의 거주하는 예술가들은 부산시의 지원을 받아 그곳에서 잠시 거주하는 이들이다. 오랫동안 업을 해온 그곳의 영세 상인들은 왜 배제하는가. 그리고 중앙동의 젠트리피케이션의 해결하는 방식은 망양로에 있을 젠트리피케이션에 무용지물이다. 왜냐하면 이곳에서 일어날 이 사단에서는 불평등한 소유관계에 기반한 자산소유권이 직접적으로 충돌하기 때문이다. 부산시가 원도심의 젠트리피케이션을 해결하고자 한다면 망양로 원도심의 재생사업과 북항재개발 사업을 시행하는 방식부터 문제 삼아야 한다.

거주지 소유자가 아닌 경우는 자신의 집 주변에서 일어나는 일들에 대해 개입할 수 있는 권리가 없다. 왜냐하면 우리나라의 경우는 거주권보다 소유권을 우선시하고 있기 때문이다. 소유권과 주거권●16●이 충돌하면 주거권은 힘을 발휘하지 못한다. 게다가 최저주거권미달에서 "1995년부터 2010년까지 강서구와 동구는 부동의 1, 2위를 지키고 있다(구동회,

---

●16● 주거권은 "모든 사람이 적절한 주거를 향유할 권리" 또는 "인간의 존엄성에 적합한 주택조건을 향유할 권리", "주거에 관한 국민생활최저선의 확보"를 의미한다. 주거권을 인정한다는 것은, 모든 사람이 적절한 주거에서 생활할 수 있는 권리가 있음을 인정하는 것이고, 이 권리의 인정에 따라 국가는 이를 보장할 책임이 있음을 확인하는 것이기도 하다 … 그러나 아직까지도 우리 법에서 '주거권'은 생소한 개념이다. 주거권을, 주택 정책을 통한 급부청구, 각종 생계지원 급여 청구의 한 종류로 인식하여 국가의 시혜적 조치가 필요함에 대해서는 어느 정도 공감하고 있지만, 이것을 당위적인 '권리'로서 주장하는 부분에 대해서는 공감대형성이 이루어지지 않고 있다. 사회경제적 강자, 경제적으로 유력한 사람에게도 '자유권'은 언제든지 침해받을 수 있는 권리이다. 그렇기 때문에 자유권은 당위적 권리로 공감하는 것에 큰 어려움을 느끼지 않는다. 그러나 사회 경제적 약자들이 침해받는 생존권, 특별히 주거권 문제에서는 이것을 당위적 권리로 인식하는 것에 인색한 감이 있다. 주거의 문제를 '국가적·사회적 차원'의 문제 로 보기보다는 '개인적 책임의 차원'으로 인식하는 경향이 아직까지도 강하게 지배하고 있다(장은혜, 2014: 47~48).

2012: 483)." 이는 동구에 사는 거주민 대부분이 "주거권이 제대로 보장받고 있지 못"한 상태에 있다는 것을 의미한다(구동회, 2012: 같은 쪽). "남성보다는 여성, 중간연령대보다는 저연령대와 고연령대에서 최저주거기준 미달가구 비율이 높게 나타났다. 교육정도가 낮고 혼, 사별, 이혼 등 배우자가 없는 가정에서 최저수거기준 미달가구 비율이 높게 나타났다. 주택 점유형태로는 본인 소유의 집보다 임대주택에서, 주택유형 중 에서는 단독주택에서, 그리고 건축연도가 15년 이상 된 주택에서 최저주거기준 미달가구 비율이 높았다(구동회, 2012: 486)." 구동회는 최소주거권 미달인 주택의 특징을 위와 같이 정리한다. 이에 따르면 동구는 최소주거권조차 보장받지 못한 사람들이 많이 사는 동네로서 연령층이 매우 낮거나 매우 높으며 교육정도가 낮다. 그리고 15년 이상 된, 본인 소유의 집보다 임대주택이 많은 곳에서 사는 사람들이 많은 동네다. 이런 상황에서, 자신의 주거지에서 어떤 사업을 벌이더라도 이들이 할 수 있는 발언은 침묵이나 마찬가지다. 거주권만 가진 '이들의 의견'을 전달할 수 있는 통로자체가 없는 것이나 마찬가지기 때문이다. 자본주의 사회에서 주거권은 쇠퇴하는 노동자, 서민의 동네에서는 소원한 권리다. 이들에게 경제적·문화적·사회적 권리는 이름으로만 존재하는 것이다.

부산 산복도로 르네상스사업이 시작된 2010년도, 동구의 주거권 상황이 이러하다는 것은 중요한 사실이다. 주거권이 이러한 상태에서 사업을 시작한다는 것은 관에서 듣고자 하는 주민들의 의견이란 형식적인 절차일 뿐임을 의미한다. 나아가 관은 주거권을 고양하거나 보호하는 장치를 마련하기는커녕 오히려 위협하는 방식으로 이 사업을 진행하고 있다. 망양로 주면을 관광화하는 가운데 지대 地代 는 더욱 올라가고 소유권은 고사하고 주거권조차 가지지 못한 이들은 그들이 사는 장소에서 그들이 할 수 있는 것은 침묵뿐이다. 원도심 망양로 내에서도 잘 눈에 띄지 않는 곳, 망양로와 되도록 멀리 떨어진 곳, 구불구불하고 제 각각인 골목 구석구석에 자리한 이들은 이바구 공작소나 김민부 전망대 근처의 주택들과는 다른 처지에 있는 이들이다. 망양로 원도심 재생은 이소토피아화를 향한 욕망의 그물망을 자아낸다. 그럼에도 재생에 적극적인 행정은 지역이 화려하게 부활하기를 바란다. 그러나 그 속에 거주민의 문제는 외면당하고 있다. 자본주의의 강력한 재생산 방식 중 하나인 토지자산을 둘러싼 소유관계는 도시를 재생시키는 데 걸림돌로 작동하지만 이는 은폐된다. 초량이바구길은 노동자 공간에 자본가 · 국가 통제권을 심어 놓는다. 이는 노동자들의 장소를 탈취하여 가난한자들로부터 소수의 가진 자들에게 권력을 집중시키는 체제인 신자유주의식 공간개발의 압축판이다.

"노동자가 임금을 현금으로 받자마자 지주, 상점주, 전당포 점주 등 여러 갈래의 부르주아지가 돈을 달라고 덤벼든다 (칼 마르크스, 2004: 43)."
도시재생으로 땅값이 오르자마자 외부인들이 땅을 팔라고 덤벼든다. 땅을 팔자마자 더 비싼 땅의 주인이 돈을 더 달라고 덤벼든다. 그 결과 노동자의 공간은 해체되고 노동자의 계급도 해체되는 것을 경험한다. 노동에서 해방되어 자기를 느끼던 일상생활의 장소였던 망양로 원도심은 이제 점점 자기 자신으로부터 멀어진다. 그 가운데 노동자는 변형의 주체라는 자신의 역할을 갉아 먹는다. 노동자들은 자기 주거공간을 생산하는 데 개입할 수 있는 권리를 박탈당한다. 이 박탈은 노동자를 '생존 문제'에 묶어 놓는 것으로 그 계급성을 말살하는 상황을 불러온다. 이는 머지않아, 망양로 원도심 노동자 서민의 일상공간이 직면하게 될 위기일 수도 있다.

부산
원도심에서
만난
사람들

벚나무를 밴 사람과 성내는 사람

초량6동 금수사에서 부산컴퓨터과학고등학교를 지나 수정동으로 넘어가는 약 400m의 망양로. 그 길 양쪽에는 벚나무와 측백나무가 나란히 서 있었다. 특히 벚꽃이 피는 봄이면 이 곳은 장관을 이룬다. 그런데 지난 8월 소리 소문 없이 이 나무들이 베이는 일이 발생했다. 이 구간에 친환경 스카이웨이 주차장과 하늘데크를 만들기 위해서다. 발주처는 부산시와 동구, 시공사는 ㈜인들 디자인이고 공사비는 총 17억 원이다. 금수사에서 컴퓨터고등학교로 난 길 오른편 측백나무는 그 아래 경희아파트를 가리고 있었다. 일렬로 늘어서 있던 측백나무들은 그 도로 위를 지나는 사람들이 경희아파트를 볼 수 없도록 했다. 뿐만 아니라, 북항 앞바다도 볼 수 없도록 했다. 측백나무가 없어지자 도로 위에서도 북항 앞바다를 볼 수 있게 되었고, 경희아파트 생활공간도 볼 수 있게 되었다. 그곳을 전망 좋은 장소로 만들어야 한다는 욕망은 측백나무를 전망을 방해하는 장애물

사진 19 _ 측백나무가 잘려나간 자리와 경희아파트 지붕 [사진: 이수진]

로 지각했다. 그 욕망은 오래된 나무들을 일제히 자르고 나무들이 있던 자리에 주차장과 하늘데크가 들어서는 공간을 고안하도록 했다.

외지인에게 보여주기 위한 경관을 조성하기 위해 자신들이 살고 있는 곳의 경관을 소리 소문 없이 파괴하는 관의 권력에 거주민들이 느끼는 것은 장소박탈감과 분노다. 이에 거주민들이 항의하기 시작했다. 항의 거주민은 두 부류로 나뉜다. 이곳을 지나다니며 이 길을 사랑하던 거주민, 그리고 측백나무가 베이면서 바로 사생활 공간이 노출되는 피해를 입게 된 경희아파트팀이다. 나무 베기는 주민들에게 구체적인 허락이 아닌 명분상의 인가만 받고 시행되었다. 사업시행 측에서는 거주민에게 허락을 받았다고 하지만 그 거주민은 사업주최 측의 말에서만 존재한다. 왜냐하면 나무가 잘리고 나서야 이곳을 지나다니는 사람들, 이곳에 살고 있는 거주민들이 이 사실을 알았기 때문이다. 초량3동에 살고 있는 거주민 이ㅇㅇ은 어느 날 벚나무가 잘려나간 것을 보고 동구청 게시판에 이를 항의했다. 평소 이ㅇㅇ와 잘 알고 있던 초량의 거주민 몇몇도 이 사실에 분노하

사진 20 _ 동구 민원게시판의 항의 글.

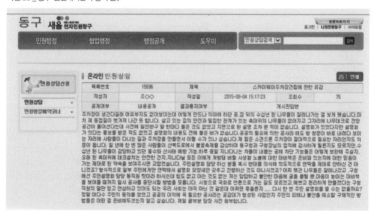

고 있었다. 세 명의 거주민은 동구청 게시판에 항의하고 언론에 이를 폭로했다.

그런가 하면 금수사 옆 할매레스토랑●17●의 주인장은 벚나무를 베는 것에 찬성한다. 언론에 "'친환경 주차장' 만들겠다며 망양로 벚꽃터널 베어낸 동구"라는 기사가 나가자 경희아파트 사람들은 나무들이 베어나간 사실을 알고 항의 플래카드를 경희아파트 옥상에 내 걸었다. 플래카드에는 다음과 같은 문구가 있다. '소음, 매연, 공해대책 없는 전망대 공사 중지하라', '50년 자란 측백나무 베고 친환경 사업은 대국민사기극', '주민위에 군림하는 동구청장 물러나라', '우현산 산사태 남의 일 아니다 구봉산 훼손 중지하라', '인들디자인-환경파괴 업체는 친환경 디자인 말할 자격 없다.'

이처럼 스카이웨이 주차장 건설 건에, 거주민들이 개입하는 방식은 다르다. 이ㅇㅇ은 자신의 주거공간이 노출되거나 훼손되는 경험을 하지 않지만 공간을 변형하는 관의 폭력에 반격한다. 언론에 사건을 제보하고, 마을 활동가를 만나 이 문제를 논의해 보지만 마을 활동가는 이ㅇㅇ의 반격을 흡수하려 한다. 이는 자발적 공동체를 만들고자 하는 관의 모순을 그대로 드러낸다. 관의 통제 아래 있고, 망양로 원도심 외부에서 투입된 마을 실천가가 주축이 되어 마을의 자발적 공동체를 형성한다는 것은 모

●17● 할매레스토랑은 초량 금수사 입구 버스정류장 바로 앞에 있는 식당이다. 테이블 두 개가 있는 이 작은 식당은 금수 슈퍼 안에 있다. 동구가 도시재생 프로젝트 주민사업의 거점 공간으로 삼기 위해 금수슈퍼에 할매레스토랑이라는 간판을 걸도록 했다. 초량6동에서 35년 이상을 슈퍼를 운영한 지역 토박이인 주인장은 '8남매의 단칸방'이라는 게스트하우스도 운영하고 있다. 이 게스트하우스는 동구가 짓고 할매레스토랑 주인장이 위탁받아 운영하고 있다. 할매레스토랑은 부산 산복도로 르네상스 1차 년도 사업 중 생활재생 사업내용에 포함된다.

순이다. 이모순을 구체적으로 해결하려 적극적으로 노력하지 않으면, 외부로부터 주입된 자발성이 거주민의 자발성을 억압하거나 통제하게 될 것이다.

초량아파트팀은 두 달간 항의 끝에 동구로부터 몇 가지 약속을 받고 플래카드를 내렸다. 1974년에 지어진 초량아파트의 오래된 지붕을 고쳐주고, 아파트 앞길을 새로 포장하고 하수도를 개선해준다는 조건이다. 그런데 이 보상이 또 말썽을 일으켰다. 초량아파트팀 대표가 총 8개 동인 아파트 거주민의 동의를 다 얻지 않았다. 망양로와 인접해 있는 5개 동 중에서 3개 동 거주민들에게만 도장을 받아 주민협의회를 구성했고 동구는 이 3개 동에 한해서만 보상을 해준다고 약속했기 때문이다. 이 일로 초량아파트 사람들에게는 또 다른 갈등의 고리가 생겼다. 또 처음으로 주차장 건립을 문제 삼았던 이ㅇㅇ과 할매레스토랑 주인장 사이의 갈등도 생겼다.

초량 스카이웨이 주차장은 현재 도시재생에 내재된 문제점을 압축적으로 보여주는 사건이다. 초량 스카이웨이 주차장이 들어서려는 망양로 주변 공간은 관료주의식 통제권역이라는 사실. 그리고 현재의 도시재생 사업은 주민들의 공동체를 단단하게 만드는 것이 아니라 분리시키고 있다는 사실이다. 그럼에도 다른 점이 있다면 거주민들이 여기에 자신들의 느낀 바를 말하기 시작했다는 사실이다. 그 목소리는 다 다르게 드러나고 있다. 이 목소리에서 우리는 거주민들이 그들의 장소를 어떻게 이해하고 있는지를 엿 볼 수 있다. 그렇다면 이들의 목소리는 왜 다른 것인가. 자신이 살고 있는 장소를 어떻게 인지하고 있는가는 공간과 장소를 둘러싼 투쟁 여부와 그 강도를 결정한다. 스카이웨이 주차장 사건은 거주민들의 각기 다른 싸움을 잘 보여준다. 경희아파트 몇몇 주민들은 그들의 이익을 위해 공동권력을 행사했고 원하는 바를 얻었다. 비록 그들의 이익이 초량아파트 공동체, 혹은 망양로 원도심의 공적인 이익이 될 수 없다 하더라도 거주민들이 모여 그들이 원하는 바를 이야기하고 이를 얻기 위해 함께 무엇인가를 했다는 것, 함께 정치하며 공동권력을 구성하려했다는 측면에서는 주목할 만하다. 도시재생사업으로 많은 거주민들이 관에 포섭되고 있는 상황에서 거주민들의 이러한 실천은 관과 전문가들이 이 공간을 통제하는 것을 그냥 보고 있지 않겠다는 의지다.

또한, 항의 목소리가 다른 것은 동구의 통제에 제동을 거는 실천이 다양하게 드러날 수 있다는 사실을 보여준다. 관이 경희아파트 일부 사람들의 소리를 봉합하는 가운데 또 다른 배제가 발생했다. 관의 혜택을 받지 못한 경희아파트 사람들이 불만을 드러냈기 때문이다. 동구청에 항의한 경희아파트팀의 공동관심사, 즉 목적이 무엇인지를 따지는 것은 지금의 이 실천을 무화하는 효과를 불러온다. 서로 다른 입장을 가진 거주민이 함께 반격해야 할 중심은 배제의 논리를 가진 관이다. 이 실천의 다양성은 또 다른 갈등을 생산하고 차이를 생산한다. 즉 배제가 차이를 생산했고, 또 그 차이를 봉합하는 과정에서 또 다른 배제가 일어났다. "차이들이 방어적인 태도를 견지하면서 반격에 나서지 않는다면, 조만간 기존의 중심과 동질화 세력이 이러한 차이들을 흡수해 버린다. 이를테면 외곽이나 빈민가, 금지된 장난이 행해지는 공간, 게릴라와 벌이는 전쟁의 공간 등이 해당될 수 있다. 하지만 이러한 차이들이 방어적인 태도를 견지하면서 반격에 나서지 않는다면, 조만간 기존의 중심과 동질화 세력이 이러한 차이들을 흡수해 버린다(르페브르, 2011: 530)."

관은 거주민에게 공지의무를 이행하지 않은 채 사업을 실행했고 이에 거주민은 자신의 거주지에서 일어나는 일에 개입하기 시작했다. 이를 해결하는 데 형식적인 관심만 보이며 '그렇게 해도 된다'고 여기는 관의 태도 뒤에는 망양로를 통제하는 권력이 있다. 그러나 '그렇게 하고 싶지 않다'는 거주민의 행위는 이어지는 차이를 생산하는 계기가 됐다. 그렇다면 거주민들은 이 차이를 방어했는가, 아니면 반격했는가? 그렇다고 할 수 있고 아니라고도 할 수 있다. 그 대답은 그리 중요한 것이 아니다. 반격이 아니라면 이를 반격이 될 수 있도록 하면 된다. 설령 이 차이에 방어한다 하더라도 이러한 방어가 계속 이어질수록 관은 거주민들을 "동화하고 회유하고 제거하는 능력의 한계를 드러"낼 수밖에 없다(르페브르, 2011: 530).

"그렇게 하고 싶지 않다"는 "불일치"를 공공연하게 표현한 것으로 관이 이 공간을 비꾸는 방식에 불만이 있다는 것을 드러낸다. 이는 "스펙터클의 이미지로 인해 어떤 지배적인 전체로 빠져들거나 압도당하지 않을 것이라는 불일치"를 나타낸다. 이 "불일치는 잔여를 긍정하고, 나머지의 주변의 잔존물, 무엇으로도 환원되지 않는 힘"으로 이 힘은 자발적으로 드러나며 "급진적인 것을 긍정한다." 이러한 "불일치는 모든 것을 통제하려는 권력의 정치적 욕망의 한계, 궁극적으로 불굴의 지배를 향한 열망의 한계를 드러"낼 것이다(메리필드, 2013: 113). "그렇게 하고 싶지 않다"는 차이의 관계를 긍정한다. 이는 배제된 비 非 주체의 자발적 자기표현이자 새로운 비 be 주체를 향한 방향 틀기다. 이 불일치가 원도심-망양로 여기저기에 퍼져 나갈 때 이 공간은 주체와 비 非 주체의 우발적인 충돌을 생산할 것이다.

자본주의는 공간을 점령함으로써 지배를 구체화하고 공간의 모순 또한 생산한다. 따라서 자본주의의 모순을 지양하고 자본주의에 대항할 수 있는 방법 또한 그 공간에서 찾아야 한다. 이는 공간적 실천을 비판적이고 혁명적인 실천으로 전환할 때 가능하다. 그런데 르페브르가 주장하는 이 혁명적 전환은 기존의 맑스주의가 외치는 작업장에서 일어나는 대항적 실천만이 아니라 일상생활영역에서 벌여야 할 대항적 실천이다. 즉 자본주의가 생산하는 공간에서 착취당하고 지배당하는 존재들이 기존의 공간적 실천과는 다른 공간적 실천을 감행하는 것으로 투쟁은 시작된다. 망양로에서 스카이웨이 주차장을 둘러싼 다양한 주체들의 충돌과 차이, 주체와 비非주체의 충돌과 차이는 일상생활영역을 통제하는 권력에 효과적으로 대항하는 조직적인 실천에까지는 이르지 못했다. 그러나 관의 통제에 맞서 그들의 몸이 거주하는 장소를 구성하는 데 자신의 의견을 자발적으로 표현하기 시작했다는 사실은 중요하다.

인쇄골목, 째려보다 어깨동무하는 사람들

인쇄길 프로젝트, 노숙인 잡지-낯선 아침은 중앙동에 위치한 '또따또가' 에서 만난 이들이 만든 실천이다. "또따또가는 관용, 배려, 다양성 등의 의미를 담고 있는 프랑스어 '똘레랑스 Tolerance '에서 '또'를 예술가와 시민들이 각자 '따로' 자신의 삶을 살아가지만 '또 같이' 모여 문화를 공유한다는 의미에서 '따또'를 그리고 열린 공간이 거리를 중심으로 일상의 문화를 나눈다는 뜻에서 한자 거리 '가(街)'를 사용하여 만들어진 이름이다(또따 또가, 안내책자 중에서)." 1998년 부산시청이 연산동으로 이전하기 전까지 중앙동은 부산의 중심기능이 집중되어 있던 공간이다. 지금은 쇠퇴하고 있지만, 부산 예술의 중심지였던 중앙동을 문화예술의 공간으로 만들자는 제안을 부신시가 수락함으로써 지금의 또따또가가 생기게 되었다. 2009년부터 2012년까지가 1차 사업시기였고 2013년부터 2015년까지

사진 21 _ 경민이의 사과나무

가 2차 사업시기다. 이 사업은 부산시가 지원하고 부산문화재단이 실행하는 것으로 이루어졌다. 1차 시기에는 작가의 작업실을 100%임대해 주는 조건이었고, 2차 사업시기에는 좀 더 많은 작가를 지원하기 위해 작업실 임대료의 50%를 임대해 주는 조건이었다.

또따또가는 "부산의 원도심에 예술가들의 활동 거점을 마련하고 예술가들의 지속가능성을 확보하면서, 시민과 함께하는 문화예술 활동으로 삶의 질을 향상시킬 뿐만 아니라 문화예술을 통한 지역 활성화를 도모하고자 하는 사업이다. 부산시에서는 지역에 기반을 둔 젊은 문화예술가의 창작공간을 정책적으로 지원하고 그들이 창출해 내는 예술문화를 지역의 문화예술 컨텐츠로 환원하여 도심재생에까지 연계"하고자 한다(손정민, 2015: 27). 이런 취지에서 형성된 또따또가는 중앙동 주변에서 혹은 다른 지역이나, 나라들에서 활발한 예술활동을 주도해 왔다. '또따또가'는 원도심의 분위기를 살리라는 임무를 띠고 시작한 사업이다. 따라서 입

사진 22 _ 인쇄골목 사람들, (인쇄길프로젝트제공)

주 작가들은 월 15일 이상 공간을 사용해야 하며, 고유 창작활동 외에 시민을 위한 커뮤니티 활동 및 예술교육프로그램에 참여해야 한다. 또한 예술가들은 지역민과 함께 할 수 있는 아이디어를 구상하고, 지역민과 함께 할 수 있는 예술교육 및 행사를 추진해야 한다. 이러한 의무를 이행하기 위해 '또따또가'의 주요 지역사회 프로그램을 진행했는데 그 대표적인 것이 시민문화예술 교육 프로그램인 비타민C와 휴메트로다. 이외에도 예술문화축전, 입주작가 기획전시회, 국내외 교류전시를 꾸준히 열고 스토리텔링북도 발간했다.

또따또가의 작가들 중 일부는 그들의 작업실이 있는 인쇄골목에서 그곳 사람들과 함께 할 수 있는 사업을 기획한다. 또따또가 인쇄1길에 입주한 작가의 말에 따르면 처음 작가들이 인쇄골목의 유휴공간에 입주했을 때, 인쇄골목 사람들은 별로 달가워하지 않았다고 한다. 이 골목의 인쇄업자들은 예술을 일반 노동과는 다른 사치스러운 활동으로 이해하고 있었다. 이들은 작가가 일하지 않고 작업을 하며 살아가고 있다는 사실만으로 예술가를 특권층으로 이해했던 것이다. 이들 간의 정서적 분리는 쉬이 좁힐 수 있는 것이 아니었다. 인쇄골목 사람들이 예술가들을 이해하는 이 이데올로기를 걷어내는 것이 작가들에게는 중요한 일이었다. 자본주의에서 예술가 또한 소외된 채로 존재한다. 또따또가에 입주한 작가들은 자신들의 작업공간조차 가지기 힘든 이들이다. 상품화하기 어려운 예술작품을 생산하는 작가 또한 춥고 배고프기는 마찬가지다. 인쇄골목 프로젝트의 목표는 작가와 인쇄소 사람들이 서로 공감대를 형성하는 것이다.

부산 중구 동광동 길에 위치한 이 골목에는 예솔인쇄, 동백인쇄, 부산기업사, 대도정밀, 신성인쇄, 협진카렌다, 세광인쇄, 금화금박, 고성제책사, 한일인쇄소 등이 있다. 2010년부터 시작된 인쇄골목길 벽화그리기로 출발해서 2012년까지 진행한 인쇄길 화분 텃밭 가꾸기까지. 작가들은 인쇄길 사람들과 함께 나눌 수 있는 일들을 찾았다. 이 실천들은 작가들과 인쇄길 사람들에게 존재했던 정서적 분리를 어느 정도 해소해 주었다. 인쇄소의 셔터 문에 그림을 함께 그리고 인쇄소 앞에 놓을 화분을 함께 꾸려가는 것은 이 인쇄길을 장소를 공유하는 체험의 공간으로 만들었다. 이러한 공간적 실천은 ㈜디자인문화사의 옥상에 공유텃밭을 만드는 데까지 나아갔다. 장소를 공유하던 것에서 함께 할 새로운 장소를 모색한다는 것은 작지만 '상징성'이 있는 실천이라고 할 수 있다. 서로 다르다고 여겼던 계층이 함께 할 수 있는 공간을 점유하게 된 것이다. 이 골목의 작가들과 인쇄소 사람들은 자신들의 일상을 어느 정도 공유할 수 있는 계기를 마련했다. 인쇄골목은 작가와 인쇄소 사람을 분리시키는 공간에서 이 두 계층을 어느 정도 이어주는 공간이 된 것이다. 그러나 이는 언제든 풀릴 수 있을 약한 고리이기도 하다. 중요한 사실은 이러한 실천이 가능하다는 것이고 이 실천을 계속해서 이어가야 한다는 것이다.

2010년 또따또가가 출발한 이후, 인쇄골목에 있던 사람들은 입주 작가들과 함께 인쇄골목을 새로운 공간으로 만들었다. 작가들과 인쇄소 사람들이 공유하는 공간에서 이들은 서로의 차이를 이해하고 받아들이려 한다. 이 공간을 오고가는 주체들은 이전과는 다른 몸짓을 주고 받는다. 골목의 공유는 서로 다른 주체들은 함께 공동권력을 형성할 계기를 만든다. 또한 골목에서의 체험은 주체를 깨우는 계기를 형성한다. 참여 작가는 이 실천을 계속하는 것이 중요하지만 이는 결코 쉽지 않은 일이라고 한다. 또따또가 공간이 작가의 것이라면 함께 살면서 여러 가지를 시도해 볼 수 있지만 실제 이들이 처한 조건은 그렇지 않기 때문이다. 작가들은 부산시와 문화재단이 지원하는 공간에서 출발한다. 임대받은 공간에서 이들이 할 수 있는 일이란 제한적일 수밖에 없다. 공간의 결정권을 가지지 않은 작가에게 자율적 권한이란 없는 것이다. 이는 작가들 또한 인쇄소골목에서 임대를 받아 생존을 꾸리는 인쇄소사람들과 같은 입장이라는 사실을 보여준다.

또따또가가 출범한 지 6년째가 되는 지금 40계단 일대의 지대는 많이 올랐고 임대료 또한 오르고 있다. 이러한 상황 속에서 영세했던 인쇄소들은 오르는 임대료를 견디지 못해 하나둘씩 문을 닫고 있는 실정이다. 참여 작가는 사람들과 소통하려 노력하면 할수록 그래서 그 소통이 성공적일수록 불편한 것이 바로 이점이라고 한다. 인쇄소 사람들과 소통하는 작가의 실천은 또따또가의 업적으로 평가●18●되고 이는 홍보되기 마련이다. 그러나 그 성공에서 작가나 인쇄소 사람들의 장소는 성공적으로 확보되지 못하고 그들을 그 공간에서 분리하는 힘으로 드러나기 십상이다. 실천주체가 느낄 수 있는 성공의 희열은 그리 오래 지속될 수 없는 것이었다. 이 성공은 또 다른 분리와 절망을 불러오기 때문이다.

그러나 이곳에서의 공간적 실천은 이바구길이 생산한 공간적 실천과는 다르다. 즉, 관과 전문가가 생산한 공간적 재현에 충실한 주체를 생산하려는 실천과는 다른 것이다. 자본주의는 소비를 조작하는 관료사회와 단짝이다. 관료사회는 시스템을 통해 사회적 실천을 구획하고 사회적 맥락을 파편화시킴으로써 개인화를 극대화한다. 또따또가에서 일어나고 있는 이러한 일련의 공간적 실천은 원자화된 개인에서 서로 연대할 수 있는 개인들의 공동체로 나아갈 수 있는 계기를 보여주는 것이다. 적어도 이 프로젝트에 참여했던 이들은 이를 몸으로 체험했다. 또따또가 센터장인 김희진은 자신이 4년 간 활동한 이곳의 생활문화를 한마디로 '생존에 충실한 문화'라고 이야기한다. 이곳 사람들은 생존의 문화이외의 다른 것

●18● 또따또가가 2015년, '지역문화브랜드' 대상을 받았다. '지역문화브랜드'는 문화부가 전국 단위로 공모한 것이다. 특히 올해는 도시 역사를 재해석하고 지역문화 자원을 적극 활용해 새로운 지역 재생의 모델을 찾는 데 주력했다. 도심에 자리 잡고 시민과 함께 호흡하는 다양한 문화 활동으로 인정을 받은 또따또가는 문화예술축전, 거리공연, 거리마켓 등을 통한 일상의 문화기획, 시민문화예술교육프로그램과 골목 프로젝트, 직장인 캠페인 등 문화 향유 증진 활동, 입주 예술가들의 창작 활동, 일본과 부산 예술가들의 '왔다갔다 아트 페스티벌' 같은 교류 공연 등을 펼쳤다(부산일보, 2015. 8. 12 참조).

에는 별로 관심을 가지지 않는다. 신자유주의 시대에 생존이란 "수동적 삶 혹은 삶의 수동성이다. 노동과 여가 모두 자본에 포섭돼 삶 전체가 자본의 생산성을 향해 복무하는 사회에서의 삶이다(조정환, 2015: 192)." 비록 이 공간적 실천이 수동적인 삶을 활력과 생의 에너지가 넘치는 열정으로 바꾸지는 못했다고 하더라도 잠시나마의 연대는 우리의 공간적 실천이 지배 이데올로기에만 포섭되지 않는 영역이, 지배 이데올로기가 침범할 수 없는 영역이 있다는 것을 체득하도록 한다. 이 체험의 공간에 들어선 이는 최소한의 차이를 풀고 삶을 향한 자신의 열정(최대한을 향해 있는 에너지)과 대면했을 것이다.

〈낯선 아침〉, 벼룩시장의 낯설고 익숙한 사람들

〈낯선 아침〉(이하, 낯선 아침)은 노숙인을 위한 잡지이다. 낯선 아침의 제작은 비록 문화재단의 지원으로 시작된 것이기는 하나, 또따또가라는 공간에서 마주친 만남들이 없었더라면 나올 수 없었던 실천이다. 낯선 아침이 처음 나온 것은 2012년 10월이다. 낯선 아침은 우리에게 익숙하지 않고 "낯선 것을 낯설지 않게"하려는 시도다. 이러한 시도는 지배이데올로기가 자연스럽게 '나'라는 주체를 구성하는 기제를 문제시하고 실제 일상에서 만나게 되는 몸들에 주목하도록 한다. 우리사회에서는 "세 들어 살다가 생의 터전이 부당하게 철거되는 데 이의를 제기하는 사람이 졸지에 테러리스트로 결정된다". "G20, APEC, 올림픽 같은 국제행사가 있으면, 국격을 빌미로 제일 먼저 노숙인이 (우리의) 시선에서 치워진다(부산문화재단(2012), 낯선 아침, 창간호, 11)." 그러나 노숙인들이 사회적으로 부정된다고 해서 그들의 존재가 사라지는 것은 아니다. 그들은 늘 우리 곁에 있다.

"우리나라의 빈곤문제와 저렴한 주거가 부족한 상황은 노숙인 문제를 늘 상존하도록 만드는 기제가 되고 있는데, 즉 한 사회에 적절하게 이용할 수 있는 주택의 수와 전체 필요자의 수의 차이만큼은 '의자'에 앉지 못해 누가 노숙을 하게 되든 시장경제 속 구성원 중 일부는 노숙생활에 처할 수밖에 없는 '게임규칙'"으로부터 벗어날 수 없다(남기철, 2009: 12). 노

사진 23 _ 낯선 아침 창간호

숙인을 우리사회에서 달갑지 않은 존재로 바라보는 시선이 지배적이다. 이 시선은 그들을 보이지 않는 곳으로 격리하는 것을 정당화하며 노숙자의 공간을 통제한다. 우리는 이 통제를 자연스러운 것으로 여기며 노숙인을 우리 공동체로부터 배제한다.

잡지의 한 귀퉁이에서 우리가 노숙인이라 부르는 한 존재는 다음과 같이 자신을 드러내고 있다. "독도는 일본 땅도 한국 땅도 아니야 그냥 한국 사람, 일본 사람이 서로 자기 땅이라고 주장하는 것일 뿐이지! 독도를 한국사람이 일본사람이 만든 것도 아니잖아? 그런데 한국 땅 일본 땅 그런 것이 어디 있어? 그냥 한낱 인간이 자기 욕심 채우려고 갖다가 붙인 이름이지, 사실 노숙이라는 용어도 맘에 안들어 노숙인이라는 용어를 만들어서 일반사람들과 노숙하는 사람들을 구분해서 노숙인에 대한 차별과 억압을 합리화하는 거잖아(〈낯선 아침〉, 창간호: 23)."

노숙인 '한 선생님'의 발언은 노숙인이 아니라 '노숙인'을 부르는 이 사회의 메커니즘을 향해 있다. 이 차별과 억압은 '저런 노숙인이 되지 않기 위해서는 열심히 공부하고 무조건 성공해야 한다'는 강박을 심어 놓는다. 사회가 제시하는 프로그래밍에 따르지 못한 낙오자를 보여주는 시각적인 감시기제는 '노숙자' 호명 시스템에도 작동한다. 이 시스템도 그들을 위한 것이 아니라 그들과 함께 살아가는 이들이 이들을 어떻게 바라 봐야 하는지를 알려 준다. 공간을 공유하며 살아가지만 없는 존재로 인지할 것을, 그들의 존재를 부정하도록 강제하는 것이다. 이 호명 시스템은 도시 속에서 살아가는 '나'라는 존재가 자본의 숙주가 되는 것을 자연스럽게 만든다. 노숙자처럼 되지 않기 위해서는 알아서 처신해야 한다. 존재를 부정하도록 만드는 이 체계가 노숙자라는 존재를 시각적으로 드러냄으로써 작동한다는 것은 모순이다. 사람들은 노숙인을 더럽고 게으른 술주정뱅이라 여기며 그들을 잠재적 범죄자로 간주한다. 왜냐하면 "평범한 거리노숙인, 즉 시민들의 기준에서 표준적인 행동양식을 크게 벗어나지 않은 노숙인들은 눈에 띄지 않"기 때문이다(김준호, 2011: 45). "일하고 있는 노숙인, 차림새가 말끔한 노숙인 등은 '숨겨진 노숙인 hidden homeless' 이다(김준호, 2011: 같은 쪽)." 이 모순은 바로 우리사회를 지속하는 시스템을 보여준다. 분명 사회가 제시하는 그런 노숙인이 실제로 존재하는 것은 사실이지만 이 하나의 이미지로 노숙인 전체를 대표할 수 없다. 사회가 제시하는 노숙인 이미지가 실제 존재하는 다양한 노숙인을 다 담지 못하고 있는 것이다. 그럼에도 이 사회가 제시하는 이미지로 노숙인을 상상하는 것이 우리에게는 자연스럽다. 이는 재현적 공간을 차별적인 기호의 공간으로 불러들이는 방식으로 추상적 공간이 작동하는 방식과 동일하다. 노숙자 호명시스템은 자본주의 국가 시스템에 적합한 공간적 재현으로 노숙자와 공간을 공유한다는 것은 불쾌하기 짝이 없도록 만드는 몸을 생산한다. 그리고 그 몸은 노숙자들을 격리하는 사회를 정의로운 사회로 인지하며 그럼으로써 자신의 몸을 사회적 시선에 비추어 단속한다. 이런 상황 속에서 '낯선 아침'은 우리에게 자연스럽고 친숙한 시스템을 낯설게 볼 수 있는 계기를, 그리고 낯선 것들을, 차이들을 향해 우리의 몸을 틀 수 있는 계기를 마련한다.

도시의 유목민에게 가장 중요한 문제는 비록 가난하게 도시를 떠도는 삶이지만 어떻게 하면 인간으로서 존엄성을 지키며 살아갈 것인가 하는 것이다. 자존심 있는 인간의 삶을 지키려는 사례 가운데 도쿄의 〈264부엌〉이 있다. "도쿄 중심가 시부야역 인근 철로 아래 246번지에는 도시의 유목민들이 함께 밥을 해결하는 밥공동체가 있었다. 당국은 도시환경미화를 핑계로 이곳 철길 외벽에 그림을 그리고는 그 그림을 빌미로 유목민들

사진 23 _ 낯선 아침, 벼룩시장, (벼룩시장측 제공).

을 쫓아 내려고 했다. 소식을 들은 요요기공원의 유목민 예술가 이치무라 미사코는 그들의 동료들과 함께 쳐들어가서 〈264부엌〉을 만들어 버린 것이다. 이곳의 밥상은 선물 받은 음식, 남은 음식, 주워온 음식, 버려진 음식을 한데 모아 유목민들과 활동가들이 함께 요리를 해 차려지는 밥상이다. 누구든 참여가 가능하기 때문에 온갖 종류의 사람들이 요리에 가담했다. 많은 특이한 음식들이 시도되었다. 도시의 유목민들은 이곳에서 함께 식사하며 물물교환도 하고 노숙정보도 나누었다. 만약 당국이 그냥 내버려 두었더라면 유목민이 자율적으로 운영하는 밥상공동체이자 유목민들의 문화플랫폼으로 자리 잡았을 것이다(〈낯선 아침〉, 2호: 13~14쪽)."

노숙인을 유목민이라고 호명하는 것은 기존의 시스템에 대항하려는 것이다. 사회에 의해 관리되어야 할 존재가 아니라 스스로 자신의 삶을 꾸려 나가야 하는 능동적인 존재라는 것을 강조하기 위해 '유목민'이라 부르는 것이다. 거리에서 거리로 이동하며 삶을 살아가는 사람들이 진짜 유목민인가, 아닌가는 중요한 문제가 아니다. 이는 기존 사회가 제시하는 객관적 질서를 전면적으로 문제시하는 호명방식이다. 도쿄의 〈264부엌〉은 사회적 시스템이 도시의 유목민을 어떻게 생산하는가, 그리고 이 유목적 주체들은 사회 시스템에 어떻게 대응하고 있는가를 잘 드러낸다. 또한 사회가 유목민의 자율적 재생에 관심이 없다는 것도 보여준다. '낯선 아침'이 문제시하는 것은 바로 기존 사회가 주체를 생산하는 방식이다. 또 '낯선 아침'을 통해 다른 지역, 다른 국가에서 노숙인을 생산하는 시스템을 엿볼 수 있을 뿐만 아니라 이 시스템을 바라보는 노숙인의 이야기도 들을 수 있다. 이는 사회적 '합의'의 동일성이 다양한 '몸'을 어떻게 부정하고 삭제하는지를 볼 수 있도록 한다. 또한 이러한 부정성을 뚫고 그들의 다양한 '몸'이 욕망하는 것을 채워나가는 실천도 목격할 수 있도록 한다.

70여 페이지에 해당하는 잡지에는 적게는 22개, 많게는 28개의 글들이 실린다. 사회구조적인 문제에서, 노숙인 이야기, 노숙인이 알아두면 좋을 생활정보에 이르기까지 다양한 주제들을 나르고 있다. 노숙자와 연대하려는 실천을 통해 잡지는 구성된다. 미니 반짝 벼룩시장은 그 실천을 잘 보여줄 뿐만 아니라 이 잡지의 특징을 알게 해 준다. 창간호가 나오기 한 달 전인 2012년 9월부터 편집위원들은 벼룩시장을 연다. 부산진역 앞 반짝 미니 벼룩시장은 몸과 몸이 만나는 망으로서의 공간이다. 이 공간에서는 사회구조가 이루어 놓은 몸과 그 구조가 배제한 몸이 서로 연결된다. 거대하고 웅장한 흐름 밑에서 각기 흐르고 있던 리듬들이 삐져나와 한 데 연결되는 장으로서의 공간이 열린 것이다. "'미니 반짝 벼룩시장'은 그 이름처럼 한 달에 한번, 그것도 한 시간 남짓 열리는 참 작은 벼룩시장이다. 사실 규모라고 할 것도 없는, 헌수아저씨가 펼친 좌판하나, 〈낯선 아침

〉 편집위에서 펼친 좌판 하나, 도합 두 개 뿐. 너무 초라하다고 해도 달리 할 말 없는 구색이다. 하지만 노숙인 아저씨들은 이제 그 초라하고 볼품 없는 우리의 물품들과 그 시간을 기다리신다. 벼룩시장이 시작된 뒤 계절 이 몇 번 지나면서 제법 친숙한 얼굴들도 생기고, 벼룩시장의 단골노숙인 아저씨들께서는 먼저 안부도 물으신다(〈낯선 아침〉, 6호)."

부산진역 앞이라는 공공 공간에서는 벼룩시장이 열리는 순간 노숙자 와 '낯선 아침' 편집인 그리고 이에 관심을 가지는 사람들이 함께 한다. 처 음에는 도합 두 개의 좌판으로 시작한 벼룩시장에는 좌판이 하나 둘 더 늘어난다. 벼룩시장은 물건을 교환하는 장소지만 사용가치가 지배하는 공간이다. 벼룩시장 참여자들은 자신들이 왜 이 실천을 하는지 그리고 이 실천이 어디를 향해 있는지를 잘 알고 있다. 이 공간에서 그들은 사회적 질서가 만들어 놓은 흐름에서 벗어난다. 그들은 노숙인과 편집자들이 아 니라 도시라는 공간에서 다른 주체로서 함께 살아내야 한다는 것을 적극 적으로 실천한다. 벼룩시장에서는 자본주의적 교환가치가 흐르는 차가 운 cool 거래가 아닌 서로의 몸에 따르는 사용가치가 지배하는 뜨거운 hot 거래가 지배적이다. 이 뜨거운 거래 속에서 힘들지만, 서로의 차이를 긍 정하려는 시도가 오고 간다. 그 가운데 주체의 다양성은 회복되고 이 주 체들이 원하는 공동체를 구성하려는 시도는 상상 가능한 것, 실천 가능한 것이 된다.

한 달에 한 번 찾아오는 짧은 시간이지만, 그 잠시 동안 우리는 일상성이 지배할 수 없는 일상생활을 체험한다. 이 체험은 다양한 주체들을 하나의 이미지로 소환하는 일상성을 깨고, 함께 다른 무엇이 될 수 있는 가능성을 믿도록 한다. 이 공간적 실천은 차이나는 몸들을 긍정하는 가운데 기존의 사회적 '합의'를 수정한다. 이 사회적 '합의'가 생산한 노숙자와 실제 노숙자는 분명 다르다. 부산진역 앞 벼룩시장이라는 공간은 도시라는 공간을 상품이 아닌 작품 ouvre 으로 분비하는 과정이다. 사회적 이미지에 봉인된 주체들이 그 봉인을 해제하고 벼룩시장이 열리는 공간을 함께 구성한다. 벼룩시장을 기획한 이들이 그 공간을 통제하지도 않고, 이들이 제공하는 배려를 노숙인이 수동적으로 흡수하고만 있지 않은 것이다. 벼룩시장을 통해 서로 다른 도시인들은 자주적으로 만나 의견을 내고 자신들의 공간을 꾸려간다. 주체와 비非주체는 함께 벼룩시장을 생산하며 새로운 주체가 되려한다. 벼룩시장은 새로운 공동체 새로운 주체를 생산할 수 있는 계기의 공간으로 헤테로토피아가 된다. 비록, 여러 가지 사정으로, 이 벼룩공동체가 좀 더 확장되지 못했다 하더라도 그 가능성은 언제나 열려 있는 것이다. 낯선 아침과 '반짝 미니 벼룩시장'은 이 가능성의 계기를 드러내는 공간적 실천이다.

모퉁이극장에서, 웃고 떠드는 관객들

또따또가에 입주한 모퉁이극장은 이름 그대로 모퉁이에 있지 않다. 이 극장은 40계단 앞, 길 양쪽으로 늘어선 건물들 사이에 있으니 실제 위치상 모퉁이는 아니다. 건물과 건물사이에 있는 좁은 입구는 모퉁이가 그곳에 있다는 사실을 모르면 그냥 지나치기 십상이기에 쉬 찾기 어렵다.

"〈모퉁이극장〉 역시 이곳이 단지 영화 공간이라고 했을 때는 적절하지 않은 부분이 있어요. 외려 영상, 이미지의 공간이죠. 보통 극장이라고 하면 '장비, 객석, 시설' 부분이 강조되어 정의되어 있지만 관객은 누락되어 있죠. 저는 이 지점이 매우 흥미로웠고 관객을 키워드로 한 극장을 구현하고자 했어요. 익명의 관객을 모퉁이가 쇄신해 보려하는 것인데 관객이라는 말이 지금은 대상화되어있는 것 같아요. 주류 미디어의 방식으로 천만 관객이라 불리는 것처럼요. 그래서 관객 한명 한명을 대체할 수 없는 관객으로 주목하는 운동, 관객실명운동의 모티브가 되는 영상이에요. 얼굴과 몸짓, 그리고 목소리를 가진 고유한 존재가 관객이죠 (김현수 대표)."

2012년부터 문을 연 모퉁이극장●19●에는 '관객'들로 가득하다. 그러나 이 관객은 어두운 극장에서 영화를 보고 비평가로부터 영화풀이를 듣는 수동적 관객, 수동적 주체가 아니다. 영화가 보여주는 것들을 받기만

●19● 다음은 모퉁이극장이라는 공간을 처음 연 김현수 대표의 인터뷰다. "4,5년 동안 100명에게 지속적으로 영화를 소개했어요. 보람이 됐던 것은 어떤 분이 제가 알려준 〈허공에의 질주〉라는 영화를 보고 저에게 감상문을 보내주신 거예요. 다시 말하면 한 관객이 영화를 보고 진심이 우러나온 글을 써서 저에게 보내준 거죠. 그게 저한테 크더라고요. '내가 이 글을 나 혼자 읽을 자격이 있나? 난 그저 영화를 소개했을 뿐인데'라는 생각이 들었어요. 지금 생각해보니 아마 이런 경험들 덕분에 관객잡지를 만들게 된 것이 아닌가 하는 생각을 해요(〈비아트〉, 34호, 23쪽)."

하는 수동적인 '관객'이 모퉁이극장에서는 관객 문화활동가가 된다. 관객
문화활동가는 관객의 몸짓, 관객의 목소리, 관객의 입장에서 바라본 영화
를 다시 만들어 내는 이다. 모퉁이극장에서는 특정한 이가 관객 문화활동
가의 실천을 설계하지는 않는다. 즉, 모퉁이극장으로 모여드는 관객 문화
활동가는 특정인들이 짜 놓은 실천목록에 따라 활동하지 않는다는 것이
다. 모퉁이 대표는 자발적인 관객이라는 슬로건을 제안하지만 이 슬로건
을 구체화하는 것에는 모퉁이로 찾아드는 이 모두가 참여한다. 모퉁이로
모여든 각기 다른 이들이 경험하는 모든 것은 모두 관객 문화활동이 될
수 있다. 관객들이 영화를 읽는 몸짓에 초점을 맞추고 이를 부각할 수 있
는 프로그램과 장소를 만드는 데 모퉁이는 열중한다. 모퉁이에서 영화를
보고 영화를 나누는 것을 넘어서 영화를 바라보는 '자신들의 이야기', '사
람들의 이야기'를 나눈다. 관객이 프로그래머가 되어 직접 영화를 고르
고 상영하고 함께 보고 이야기를 나누는 프로그램인 '모퉁이 관객 살롱'

사진 23 _ **모퉁이극장 관객영화제** [출처 : 모퉁이극장]

으로 그들은 영화'적'인 영화'인'들이 된다. 주체적으로 관객의 위치를 체험해 나가는 이들은 능동적인 관객이다. 자신들이 이야기를 함께 나누는 것의 즐거움을 알아버린 이들은 좀 더 지속적이고 적극적으로 영화 이후의 이야기를 구성하고 싶어 한다. 그래서 나온 것이 애프터시네마 클럽이다. 애프터시네마 클럽의 가장 큰 특징은 관객 문화활동가라 불리는 관객이 행사의 안내와 진행, 영사, 관객토크 등을 도맡아 한다는 점이다. 관객문화활동가는 몇 달 간 모퉁이극장의 관객문화 워크숍과 관객문화교실을 이수한 관객이다. 이 활동가는 앞으로 영화 관련 행사, 관객 주도 프로그램을 운영할 문화인력으로 모퉁이극장이 자율적으로 관객 문화활동을 이어갈 수 있는 원동력이 된다. 이처럼 애프터 시네마 클럽의 관객 문화활동가들은 좀 더 능동적으로 관객들의 위치를 함께 잡아간다.

애프터시네마 클럽에서는 관객이 영화프로그램을 만드는 것에 개입하고 관객의 조건과 변형을 결정한다. 클럽에서 관객들은 살롱에서보다 더 적극적으로 참여하며 클럽을 구성해 나간다. 이 클럽에서 관객들의 공통 권력이 형성되고 관객들의 정치가 시작된다. "영화문화에서 관객의 문화로, 영화를 보는 것에서 영화를 말하는 것으로 "관객의 역사"가 시작된 것이다(김현수 대표)". 관객문화 활동가들 중 반은 모퉁이극장이 문을 열자 관객으로 찾아왔던 이들이다. 그리고 나머지 반은 2015년 관객문화교실이라는 수업을 하며 정착하게 된 이들이다. 20대 초반부터 중년층까지 60대까지 연령층도 다양하며 축구활동가, 직장인, 영양사, 대학생, 미술작가, 시민단체 활동가 등 직업도 다양하다. 관객-문화활동가라는 이름을 관객이 스스로 부여하는 이 과정은 영화계에도 영향을 미친다. 모퉁이 극장에서는 '관객 운동들'이 흐르고 있다. 이 운동은 '영화'를 소비하는 관객에서 '영화'를 완성하고 다시 생산하는 관객으로 향한다. 이 과정에서 관객이라는 주체는 영화가 보여주는 것을 보기만 하는 수동적 위치에서 영화보기를 능동적으로 생산하는 긍정적 위치로 이동한다. 관객문화 활동가로 변형된 능동적 주체는 영화계에서 관객이 개입해야 할 조건들을 만들어 간다. 이를 관객이라는 개개인의 자발성에 기반을 둔 관객-자주관리운동이라 할 수 있다. 이 운동은 서로 다른 관객들이 모여 그들이 경험하는 영화, 그들이 상상하는 영화를 서로 이야기하고 그 속에서 공감할 수 있는 공동의 관심사를 찾아 나간다. 따라서 모퉁이극장은 관객들의 공동권력을 형성하는 관객이라는 공공영역을 구성해 나가는 장소이자, 기존 영화계에서 수동적 위치에 머무른 채, 배제된 관객이라는 주체들의 살아 꿈틀거리는 에너지가 결집되는 헤테로토피아다. 그리고 그 공간에서 관객은 주류영화계와 모퉁이 극장 사이를 오가며 자발적 주체, 새로운 주체를 실천한다.

초록영화제, 도시의 가면을 벗겨 내는 사람들

또따또가에는 영화를 함께 보고 이야기하는 것을 공개적으로 지향하는 3개의 공간이 있다. 김희진 센터장이 운영했던 〈보기드문〉, 앞서 소개한 모퉁이극장, 그리고 나머지가 초록영화제다. 초록영화제는 인쇄1길에 위치한 '호랑이 출판사'와 관련이 있다. 초록영화제는 공간초록에서 매달 마지막 주 목요일마다 진행했던 영화프로그램이다. 교대 앞에 있던 공간 초록이 2015년 5월에 문을 닫게 되자, 초록영화제는 호랑이출판사를 거점으로 움직이게 된다. 〈보기드문〉이 영화가 공공재라는 것을, 모퉁이극장이 문화활동가로서 능동적인 관객의 위치를 설정하려 한다면, 초록영화제는 무엇을 지향하는가. 초록영화제는 특별히 정해진 '이것이다'에 따라 진행되지 않는다. 그러나 꼭 지키는 것은 있는데, 영화제가 서로에게 부담이 되거나 일거리가 되지 않도록 한다는 것이다. 초록영화제의 특징은 '다多 중심성 자발성'이다. 영화제를 준비하는 위원들은 모두 이 영화제의 중심이다. 순서에 따라 영화제를 진행하지도 않는다. 원하는 사람이 원하는 영화를 제안하면 영화제가 시작된다. 그리고 영화를 상영하는 장소도 정해진 것이 아니라 때에 따라 달라진다.

인쇄1길에 있는 또따또가 공간에 입주한 호랑이 출판사를 거점으로 초록영화제는 진행된다. 10명의 위원들이 돌아가면서 자신이 관심 있는 영화를 제안하고 사람들이 동의하면 제안한 사람이 그 장소와 시간을 정하고 홍보를 한다. 홍보는 주로 페이스북●20●을 활용한다. 초록영화제에서 영화는 일종의 매개다. 영화제를 꾸려가는 사람들의 관심사를 이야기할 수 있는 영화를 선택하고 함께 이야기를 나눈다. 이 공감대는 초록영화제를 꾸려가는 위원들의 평소 문제의식과 닿아 있다. 이들의 관심사는 그 동안 초록영화제에서 영화 목록을 통해 짐작할 수 있다.●21● 초록영화제는 장소를 옮겨 다니며 영화를 함께 감상하고 서로 이야기를 나눈다.●22● 따라서 때로는 특정한 공간의 사람들과 그들의 문제를 같이 나누고, 이야기하는 자리가 마련될 때도 있다.

특히 만덕주민사랑방에서 열린 영화제는 초록영화제의 공간적 실천을 잘 드러낸다. 만덕주민사랑방은 만덕주민공동체 사람들이 함께 모이는 곳이다. 만덕주민공동체는 기업과 국가가 결탁한 폭력적 공간개발에 저항하는 과정에서 생긴 주민공동체다. 2007년, LH는 만덕 5지구에 주거환경개선사업을 실시한다. 그런데 LH측에서는 2013년에야 보상문제를 해결하려 했고 감정평가 시점을 2007년으로 잡아 보상하려 했다. 2013년 만덕주변의 땅값은 2007년에 비해 두 배 이상 오른 상황이었고 보상을 받은 이들은 그 돈으로 주변의 전세조차 구하기 힘들었다. 주민들은 반발했

●20● 초록영화제 페이스북, https://www.facebook.com/greenfilmcommune/?fref=ts.
●21● 주로 사회적인 문제들에 관심이 많다. 이 영화목록은 초록영화제 페이스북을 참조하시라.
●22● 호랑이출판사, 배움터 '온터', 만덕주민사랑방 등.

고 '주민들이 수용할 수 있는 현실적인 보상을 하거나, 내 집에 살 수 있게 지구지정 해제를 해 달라'고 강력히 요구하며 지금까지 싸움을 진행 중이다. 법의 보호 아래 대다수 주택이 철거당하고 만덕 5지구는 폐허로 변해가고 있다. 이러한 "막무가내식 개발로 주민들은 피가 마르는" 고통 속에서 그 공간을 지키고 있었다. 초록영화제 사람들은 만덕 거주민들과 재개발 때문에 폐허가 된 마을공간을 둘러보고 〈개를 훔치는 완벽한 방법(2014, 김성호)〉을 함께 감상한 뒤 주민공동체와 서로 이야기를 주고받는다. 〈개를 훔치는 완벽한 방법〉과 만덕주민공동체의 공동의 관심사는 '재개발 때문에 추방될 위기에 처한 사람들 그리고 그 사람들이 이 재개발에 맞서는 방식'이다. 불리한 재개발 조건에 반기를 들었지만 부산시나 민간재개발 업체들이 기대어 있는 법은 이곳 거주민들의 이야기를 들어 주지 않는다. 법이 그어놓은 배제의 금線은 만덕주민공동체가 자신의 거주공간에 더욱더 적극적으로 개입하도록 만들었다. 초록영화제 사람들은 주

사진 24 _ **초록영화제** [출처 : 초록영화제]

민사랑방에 모여 영화를 보고 이야기하는 행위를 통해 미비하지만 만덕 주민들이 자발적으로 그들의 공간을 지키는 실천을 경험하고 주민들의 실천에 간접적으로 참여한다.

초록영화제는 만덕주민사랑방에서 만덕주민공동체 사람들과 함께 거 수공간을 바라보고 서로의 의견을 나누는 공간적 실천을 기획했다. 만덕 아파트촌을 바라 볼 수 있는 곳에 있는 만덕주민사랑방은 그 자체로 헤테 로토피아다. 이 공간에는 도시(재)개발이 숨기고 싶어하는 잔여물, 도시 가 배제하고자 하는 존재들이 있다. 만덕주민을 잔여적 존재로 생산한 것 은 도시개발과 재개발이다. 이 존재들은 도시공간 생산과정에서 발생하 는 차별에 전면적으로 반기를 들고 있다. 그리고 초록영화제 친구들은 이 공간으로 걸어가 도시가 숨기고 있는 도시의 모순을 목격한다. 만덕주민 공동체의 공간적 실천과 초록영화제의 공간적 실천이 서로 교차한다. 이 교차 속에서 초록영화제 친구들은 기득권·전문가의 공간적 재현을 거 부하는 몸을 만난다. 이곳에서 주체들은 기존 사회개발식 논리를 정당화 하는 '합의'는 폭력에 기반한다는 사실을 지각한다. 이 지각은 사회가 생 산하는 모든 '합의'를 의심하는 계기를 자아낸다. 이러한 공간적 실천은 자본과 국가가 공모하여 생산한 이소토피아가 어떻게 헤테로토피아를 부정하고 잘라내는지를 인지한다. 만덕주민사랑방에서 공간적 실천을 통해 이들 주체가 다르게 행위하고 다르게 상상할 수 있는 잠재적 영역은 더 넓어진다. 초록영화제는 부산의 공간들을 찾아다니며, 그들이 "일상생활에서 행동하고, 느끼고 인식하는 것을 명확히" 하고자 한다. 이러한 공간적 실천은 "온갖 장소에서 헤테로토피아 공간을 창출"하고 여러 공간적 "실천이 자연스럽게 결합"하는 계기를 마련한다(하비, 2014: 23).

사람과
사람이
만나는
도시

대중에게 공동권력을

도시를 자신들의 삶을 펼치기 위한 능동적인 공간으로 만들려는 시도들이 어떤 방향으로 흐르고 있었는가. 이를 살피면 현재 우리의 도시를 이해할 수 있는 시아 視野, 우리의 노시를 어떻게 만들어 가야 하는가에 대한 비전 vison 을 엿 볼 수 있다. 특정한 이들이 통제하는 도시를 그곳에 사는 모든 이의 작품으로 만들고자 하는 운동 가운데 평의회 운동이 있었다. 평의회 운동은 "혁명적인 상황을 지향하는 노동자운동"이다.●23● "프랑스 혁명 후 지역평의회, 1848년 유럽혁명기 룩셈부르크 위원회, 그리고 1918년 독일혁명기간에 등장한 군인평의회와 노동자평의회, 전후 제3세계에서 주로 일어난 생산에 대한 노동자 직접 통제 운동이" 평의회 운동에 속한다(빛나는 전망 사회이론연구소, 2003: 528). 민중, 대중이 주인이 되는 조직을 만드는 조건은 평의회 운동이 풀어야 할 근본적인 숙제다. 그리고 이 과제를 해결하는 데 대중 '자발성'은 핵심적인 사항이다. 즉 새로운 공동체를 구성하는 주체 자발성을 고려할 때, 근본적으로 고려해야 할 것이 '대중 자발성과 그 방향'인 것이다.

룩셈부르크는 혁명 과정에서 대중 자발성을 중요하게 생각했다. 대중 자발성은 시대의 흐름을 바꾸어 놓을 수 있는, 그리하여 새로운 공동체를

●23● 빛나는 전망 사회이론연구소, 2003: 527

향해 그 방향을 틀어 놓는 창조적 에너지를 발산한다. '대중 자발성'을 어떻게 볼 것인가. 이 문제를 두고 룩셈부르크는 당이 이 자발성을 조직해야 한다는 레닌 Vladimir Ilich Lenin 과는 다른 입장을 강력하게 드러낸다. 대중 자발성이 논쟁의 중심에 서게 된 것은 무엇보다도 룩셈부르크가 레닌이 발표한 「무엇을 할 것인가?」에 대해 전면적으로 비판을 제기했기 때문이다. 여기서 레닌이 자발성이란 '미성숙한 의식성'으로 소박한 계급감정의 체득이고 표현이기 때문에 전위의 지도를 통해 성숙되어야 한다고 주장한데 반해, 룩셈부르크에게 자발성은 노동자계급이 스스로 계급적 본질을 인식하고 행동하는 것이기 때문에 당의 역할은 제한적 의미를 지니게 된다(이갑영, 2009: 390). 이 논쟁은 "제1차 국제노동자연합(1864~1876년) 내에서 마르크스 무정부주의자 미하일 바쿠닌을 분열시킨 것과 같은 일이다. …그(레닌)는 『일보 전진, 이보 후퇴』에서 "노동자 운동의 자발적 발전은 정확하게 그것을 부르주아 이데올로기에 종속시키는 데로 나아갈" 것이라고 썼다. 그(레닌)는 사회주의 의식은 외부에서 인민에게 주입하는 것 이외에는 가능하지 않다고 생각했다(앤디 메리필드, 2013: 150)." "레닌이 생각하기에 노동자 계급에게는 엘리트 전위가 지도하는 당이 필요하다. 1920년과 1921년 사이에 레닌은 프로레트쿨트(Proletkult, 내전 동안 50만 명이 참가한 대중운동이 되었다)와 같은 독립된 문화단체들을 진압하기 위해서 반대운동을 일으켰다. 프로레트쿨트가 "당의 경계를 넘어서 자율적으로 움직이는 것은 추구했기" 때문이다(수잔 벅-모스, 2008: 82).

룩셈부르크에게 대중 자발성은 당이 부여할 수 있는 성질이 아니다. 나아가 당의 명령에 따라 조직되는 자발성은 대중에게서 나올 수 있는 자발성을 억압하기 때문에 지양되어야 할 문제라고 보았다. 노동자 대중이 투쟁하는 과정에서 계급의식과 조직을 터득해 간다는 점에서 노동자 자발성은 중요하다. 레닌이 「무엇을 할 것인가」에서 주장하는 것처럼 중앙집권적인 당이 노동자에게 교육시킬 수 있는 것은 존재하지 않는다고 룩셈부르크는 주장한다.●24● 자본주의 시스템이 점차 강화되는 통제를 뚫고 튀어 오르는 노동자 자발성과 그 흐름은 사회주의 조직이 존재할 수 있는 양수 羊水 와도 같다는 것이 그녀의 생각이었다. 이는 1918년 독일혁명 과정에서 체득한 것이다.

1918년 독일 혁명은 제국주의 전쟁 도구가 되는 것을 거부하고 현실적인 명분 없이 자신들을 사지로 내모는 국가와 군의 명령을 거부한 노동자·병사들로부터 촉발된다. 룩셈부르크는 독일 대중들이 혁명을 완성할 만한 단계가 아니라고 생각했다. 그러나 자신이 예측하지 못한, 이 우발적인 힘들이 분출하고 있는 현실로부터 등을 돌리지 않았다. 그리하여 룩셈부르크는 현실적인 힘들이 나아가야 할 방향을 찾는 과제에 적극 개

●24● 자발성(spontaneity)과 당 조직화의 문제는 로자 룩셈부르크가 볼셰비키와 가장 극렬하게 불일치를 보인 지점이었다. 그러나 그는 사회민주당의 모든 조직에서도 유사한 위험이 있다고 보았다. 그의 눈에 비친 레닌·카우츠키·조레스·투라티는 대중의 자발성을 과소평가하고 '지도력' 원칙 때문에 자발성을 무시하는 경향을 한결같게 드러내는 과실을 범했다. 그렇다고 해서 로자 룩셈부르크가 이데올로기(노동자계급의식)적 자각 없는 자발성을 맹목적으로 요구했다는 뜻은 아니다…현존하는 혹은 현재 형태를 취해가고 있는 혁명의식은 이미 마르크스(이론)의 틀에서 공식화되었기 때문에 노동계급은 자신의 운명을 자각할 모든 기회를 갖고 있으며, 따라서 지도자들이 대중을 교육하거나 대중의 의식을 감독할 필요가 없다는 것이다(레셰크 코와코프스키, 2007: 136~137).

입한다. '모든 권력을 노동자·병사평의회로'라는 슬로건으로 룩셈부르크는 현실 운동에 참여한다. 룩셈부르크에게 당은 자발성이 나아가야 할 방향을 지도하는 임무를 떠안아야 하는 것이다. 당의 슬로건은 이들의 자발성을 지시하는 것이 아니라 촉발하고 이 힘들이 어떤 방향으로 가야 하는지를 제안해야 한다. 그리고 이를 선택하는 것은 대중의 몫이다.●25●
자발성의 분출로 지배 질서가 붕괴되면서 질서에 묶여 있는 수많은 차이들이 풀려난다. 이 차이들을 생산적인 힘, 민주적인 힘으로 전환하려면 차이들을 통제하려는 힘을 분쇄해야 한다. 그리고 상반된 힘들, 엉켜든 힘들의 정세를 분석하고 이 자발성이 가리키는 미래를 제안해야 하는 것이다. 이것이 당의 역할이다. 룩셈부르크는 당이라는 조직을 부정하는 것이 아니라 당이 대중 자발성에 어떻게 대처해야 하는지를 강조한다. 당이 떠맡아야 할 임무는 대중 자발성을 통제하는 것이 아니라 이 힘을 확대하고 유도하며 지속시키는 전략을 제공하는 것이다. 그래야만 새로운 공동체가 현실로 존재하고 지속될 수 있다.

강조하자면 룩셈부르크에게 대중 자발성은 당에게서 대중에게로 주어지는 것이 아니라 대중에게서 당으로 흘러가야 할 혁명의 원천, 새로운 사회주의 공동체 원천이다. 대중들은 당이 제시하는 주체-이미지(像)를 복제하는 수동적인 존재가 아니라 자신을 옭아매는 통제로부터 벗어

●25● 조직의 문제를 볼 때 그녀(룩셈부르크)는 민중 전체가 어떤 역할을 맡고 어떤 발언권을 갖는 그러한 승리를 믿고 있었다. 그녀는 어떤 대가를 치르더라도 반드시 권력을 장악해야 한다고는 생각하지 않았다. … 그녀는 "실패한 혁명보다 추악한 혁명을 더욱 두려운 존재"로 보았다. 이 점은 사실상 볼셰비키와 "그녀 사이의 중대한 차이점"이 된다(아렌트, 2010: 86)

나려는 힘을 발휘할 수 있는 능동적인 존재다. 노동자·병사 평의회 그리고 이들의 힘을 기반으로 권력을 구성하려 했던 룩셈부르크는 혁명정세 속으로 사라졌다. 룩셈부르크는 대중 자발성을 억압하거나 외부에서 이 자발성을 주입하려는 공동체 운명을 다음과 같이 예고한다. "총선거가 없고, 언론·집회의 자유가 없으며, 자유로운 의견 경쟁이 없을 경우 삶은 모든 공적인 제도에서 고사되고 삶의 가상으로 전락할 뿐이다. 가상적 삶에서는 단지 관료제만이 활동적 요소로 남는다. 공적인 삶은 점차 수면 상태에 빠지고, 지칠 줄 모르는 정열과 무제약적인 경험을 지닌 소수의 당 지도자들이 지도하고 지배한다(한나 아렌트, 2007: 402)." 아렌트는 혁명이 지속하지 못하는 이유를 당 강령의 '기성의ready-made'공식 때문이라고 비판한다(아렌트, 2007: 402). 룩셈부르크가 죽은 이후 스탈린 Joseph Stalin 정권의 공포와 후르시초프가 지배하는 소련을 볼 때, 대중 자발성을 억압하는 당 강령을 비판한 그녀의 생각은 옳았다. 즉, 대중 자발성을 억압하는 공동체가 어떤 공포의 공동체가 되는지를 역사적으로 보여주고 있는 것이다.

룩셈부르크에 이어 아렌트 또한 평의회운동이 정치적으로 작동해야 한다는 것을 주장한다. 룩셈부르크가 대중 자발성과 당의 관계를 통해 새로운 공동체 구성을 이야기한다면 아렌트는 정치를 통해 자발성이 어떻게 공동권력을 구성하고 새로운 공동체를 조직할 것인지를 이야기한다. 이 공동권력은 공동체로부터 추방당할 위기에 놓여 있거나 추방당한 이들이 공동체에 개입하며 공동체를 구성하는 힘이자, 기존 공동체가 새로운 공동체로 변화하는 데 필요한 힘이다. "아렌트는 역사 속 혁명을 다시 읽어 내면서 그 당시에 등장한 두 종류의 정치체제인 '정당체제'와 '평의회 체제'의 대결 구도에서 패배한 평의회 가치를 재평가한다. 아렌트는 대표가 아니라 참여야 말로 진정한 공동체의 정치경험임을 강조한다(양창아, 2014: 200)."

현대사회는 "사람들이 삶 터전을 일구고 공통 삶의 형식을 만드는 데 직접 참여하지 못하게 하는 구조"로 사람들에게 외로움과 고립감을 체험하도록 한다(양창아, 2014: 199). 신자유주의는 '자유로운 개인'이라는 가상적 주체를 생산하고 이 가상적 주체를 수용한 현대인은 스스로를 고립시킨다. 이 개인은 공동체 관점에서 자기 삶을 이해하지 못하는 파편화된 존재로, 공동체 속에 있지만 그 자신은 다른 이들과 함께 있음을 느끼지 못한다. 공동체 속에서 고립된 채로 존재하는 개인은 참여라는 공동 정치를 경험하지 못한다. 고립된 자유로운 존재는 공동 관심사를 이해하고, 자신이 살고 있는 장소를 사랑하는 방법보다는 '자본'을 획득하는 방법을 먼저 배운다. "세계 내에서 자신의 장소를 박탈당하고 적나라한 생존경쟁에 내맡겨졌다는 의미의 탈소유화(expoñation)는 부의 본원적 축적을 창출하였으며 동시에 부가 노동의 착취를 통해 자본으로 변형될 수 있는 기본조건이었다(한나 아렌트, 2002: 320)."

자본주의의 도시화가 본격적으로 진행되기 위해서는 도시가 농촌을 통제할 수 있는 권력을 확보해야 한다. 이는 사람들에게 삶의 장소를, 거주 공간을, 땅을 통제할 수 있는 권리를 빼앗았다는 말이다. 삶의 장소를 빼앗긴 많은 이는 자기 몸을 노동력으로 팔지 않으면 안 되는 상황에 처한다. 이렇게 시작된 도시에는 누군가의 삶 공간, 장소를 착취하여 이룬 번영이 쌓인다. 현재, 도시공간에서 누릴 수 있는 자유는 공간을 대중의 정치적 경험을 위한 장소가 아니라 상품을 욕망하는 장소 위에서 날개를 편다. 소비를 위한 차이를 느끼도록 만드는 장소들에서 사람들은 정치 경험을 할 수 있는 장소감●26●을 상실한다. 신자유주의식 자유는 존재의 자유와 충돌하고 이 충돌은 장소 충돌로 드러나고, 장소 상실로 드러난다.

도시에서 살 수 있는 조건을 갖추지 못한 도시인들이 살던 장소에서 쫓겨나더라도 그들이 할 수 있는 것은 법 테두리 안에는 없다. 왜냐하면 이미 그들은 법의 보호 영역 밖에 있는 주체, 법이 보호해 주지 않는 비非주체이기 때문이다. 기본적으로 재산의 소유를 우선적으로 인정하는 법의 영역에서는 소유로 인한 모순적 문제, 소유권을 둘러싼 부조리한 문

●26● 양창아(2014)는 장소감을 다음과 같이 설명한다. 장소감은 물리적인 성질을 지닌 공간을 의미하지는 않는다. 장소감은 인간들이 맺고 있는 관계들이 장소에서 느끼는 무엇이다. 이는 장소와 사람, 사람과 사람의 관계를 모두 포함한다. 사람들은 장소에서, 장소를 통해 특정한 주체로서 자신의 정체성을 표현하고 사람들과 특정한 관계를 맺으며 이때 형성된 정서는 다시 장소에 배이게 된다. 장소와 사람은 서로 영향을 주고받으며 관계한다.

제들을 해결할 수 없다. 법은 도시에 사는 사람들을 함께 어울릴 수 있는 제도적 장치가 아니라 '기득권'을 잘 유지하도록 하는 제도적 장치에 가깝다. 이 장치는 도시인들을 가진 자와 못 가진 자로 분리한다. 앞서 언급한, 거주권과 소유권의 충돌이 이를 잘 보여준다.

비 ≢ 주체가 그들을 적대로 만드는 세계에 그 자신의 존재를 드러내는 것만으로 공동체는 잠재적 갈등의 상태가 된다. 비 ≢ 주체들, 주체들이 함께 하는 행위는 곧 비 be 주체들의 공동권력이 된다. 아렌트가 말하는 행위 action 는 다원성을 바탕으로 갈등과 연대를 동시에 포함하며 기존 지배 권력과는 다른 종류의 권력을 생산해 내는 활동이다. 아렌트는 노동, 작업, 행위를 인간의 조건이라고 한다. "행위는 사물이나 물질의 매개 없이 인간 사이에 직접적으로 수행되는 유일한 활동이다. 행위의 근본조건은 다원성으로 인간조건, 즉 보편적 인간 Man 이 아닌 복수의 인간들 men 이 지구상에 살며 세계에 거주한다는 사실에 상응한다. 인간 조건의 모든 측면들이 다소 정치에 관련되어 있지만 특별히 다원성은 모든 정치적 삶의 '필요조건'일 뿐만 아니라 '가능조건'이라는 의미에서 절대적이다… 어떤 누구도 지금껏 살았고, 현재 살고 있으며, 앞으로 살게 될 다른 누구와 동일하지 않다는 방식으로만 우리 인간은 동일하다. 이 때문에 다원성은 인간 행위의 조건"이라는 것이다(아렌트, 2002: 56~57요약). 아렌트의 말을 따르면 서로 다른 사람들이 함께 살아가면서 경험하며 형성한 의견 opinion ●27●들을 표현하고 나누는 일이 바로 정치다. 이 의견은 관념 속에서 구성되는 것이 아니라 자신이 살고 있는 공간, 장소에서의 경험을 거쳐 구성되는 것이다. 자신의 거주공간에 개입하는 이 의견은 언제나 타인을 향해 열려 있다. 이러한 정치개념은 "한 세계에는 지배적인 하나의 세계관만 존재하고 그러한 세계관에 따라 행동 behavior 해야 한다는 것에 반기를 들 뿐만 아니라 자신이 살고 있는 장소에 대해 이야기할 수 있게" 한다(양창아, 2014: 206).

사람들은 장소를 통해 함께 행위하고 공동권력을 생산할 수 있다. 이 공동권력을 생산하는 장소가 바로 공적 영역●28●이다. 이 "공적 영역은 공통의 세계를 보는 서로 다른 시각들이 드러나고 경합하는 정치의 장소

●27● 이익과 의견은 서로 완전히 다른 정치현상이다. 정치적으로, 이익은 집단 이익으로서만 적실성을 지니며, 그러한 집단 이익의 정제를 위해서는 한 집단의 이익이 우연히 다수의 이익이 되는 상황에서도 집단 이익의 부분적 성격이 모든 조건 아래서 보호되는 것으로 충분한 것 같다. 반대로, 의견들은 결코 집단에 속하는 것이 아니라 '이성을 냉정하고 자유롭게 행사하는' 개개인에게 전적으로 귀속된다. … 다수는 하나의 의견을 형성하지 못한다. 사람들이 다른 사람들과 자유롭게 의사소통하고 자신들의 견해를 공적으로 전환할 권리를 가지고 있는 곳에서만 의견들이 발생할 것이다. … 의견은 서로 교환하는 과정에서 형성되고 검증된다(아렌트, 2007: 123).
●28● 공적 영역은 장소로서, 이 영역에서는 두 층위가 겹쳐 있다. 한 층위로 주체와 세계간의 열림이 있다. 또 다른 층위로 주체들이 관계하는 '공통의 세계'가 있다. 아렌트에게 '공적'이라는 용어는 주체들이 세계와 관계하면서 자신들의 존재를 느끼는 것이다. 이 느낌 속에서 주체는 자신과는 타인이 있음을 알고 타인을 배려해야 한다는 것을 안다. 그리고 누구나 소유할 수 있지만 그 누구의 것도 아닌 공통의 세계가 있다는 것을 안다. 그리고 그 자신이 다른 주체 사이에 존재하고 있음을 안다. 공적인 세계에서는 다양한 주체들의 느낌, 서로 다른 시각들이 오고 가며 갈등을 일으키고 자신들의 생각을 관철시키려 애쓴다. 따라서 공적인 세계에서는 정치가 일어난다(아렌트, 2002: 102~112, 양창아, 2014: 226 참조). 사적 영역은 버지니아 울프의 '자기만의 방'과 유사하다. 공통의 세계에서 사적으로 소유한 장소를 뜻한다. 근대적 사고방식에서 소유는 부와 같은 것이다. 그런데 아렌트의 사적 영역은 부를 전유하는 사적 소유와는 다르다. 아렌트에게 이 두 사적 소유가 다른 성격을 가진다. 소유는 사람과 장소가 유기적으로 연결하는 것으로서 르페브르의 전유와 비슷한 것이다. 농부와 땅의 관계처럼 이는 장소를 사용하는 이와 장소간의 긴밀한 애착과 유대관계를 맺는 것을 의미한다. 세계 속에서 농부는 땅을 통해 자신을 표현하고 사회적으로 자신을 위치시킨다. 이로써 농부는 농촌 사회체에서 주체로서 자격을 부여받는다. 농부가 땅을 통해 사회 속에서 안정감을 가지며 농촌사회라는 공통의 세계에 개입하며 관심을 가진다. 기본적인 안전감 또는 안정감을 느낄 수 있는 자기만의 방이 있을 때, 공통의 세계에 대한 관심과 개입도 가능하다(아렌트, 2002: 122~127, 양창아, 2014: 214 참조).

다(양창아, 2014: 229)." 공적 영역에서는 자기 자신이 거주하는 장소에 자기 목소리로 개입할 수 있는 권리의 확보가 중요하다. 그리고 한 장소에서 추방되거나 그곳에서 일어나는 일에 개입할 수 없게끔 배제되어 있는 사람들의 기본적인 자리와 권리를 확보하려는 시도가 중요하다. 아렌트에 의하면 이는 권리를 가질 권리 right to have right 다.

아렌트에게 평의회체제는 행위를 생산하는 정치를 통해 공동권력을 생산하는 체제로 정치 경험과 공통 감각을 되살리고 함께 사는 능력을 기르는 장이다. 함께 말하고 행위하고 살아가는 법을 배우는 장소가 바로 평의회인 것이다. 이 평의회에서는 악의 평범성을 조성하는 관료조직은 찾아볼 수 없다. 우리는 자신이 살고 있는 장소에서 무슨 일이 일어나고 있으며 이에 동료들과 같이 무엇을 해야 하는가를 고민한다. 시민들은 정치에 직접 함께 참여하여 스스로의 운명을 결정한다. 자신이 살고 있는 장소에 대해 말하기 시작하는 것은 자신의 공간을 생산할 권리, 자신이 거주하는 몸에 대한 권리를 주장한다는 것이다. 이는 자발적 몸짓으로, 자신이 살고 있는 공간에 개입한다는 것을 의미한다. 정치 행위는 거주권에 개입하는 자주관리에서 시작되고 이러한 정치 행위로, 잃어버린 자기를 되찾고 잃어버린 삶의 장소를 되찾아야 한다.

60년대 서구 자본주의 사회에서는 "미국이 앞장선 반공 캠페인에 대한 보수적 합의가 이루어지면서 여전히 존재하는 사회적 불평등에도 불구하고 이를 정치적·문화적으로 논의하는 것은 금기시 되었다. 기존사회에 대한 비판적 전망이 없는, 정체된 분위기에서 1950년대에 유년기를 보내고 1960년대 성년에 도달했던 68세대, 그들은 60년대 중반 경제적 번영만을 추구하는 '소비자 유토피아 사회'를 거부하며 이를 행동으로 옮기기 시작했다(로널드 프레이저, 2002: 37-41참조)." 이들은 "각기 다양한 쟁점—제국주의 전쟁, 인종주의, 성차별, 언론의 보수화—을 가지고 집단적인 행동에 참여하였다(조규희, 2003: 같은 쪽)." 이러한 폭발로 시작된 서유럽의 68혁명은 "바로 소비사회의 식민지화된 일상생활에서 총체적 삶의 질質 그 자체를" 재전유하려는 실천이다. 혁명기간 동안 다양한 주체들은 함께 실천하면서 삶의 질을 재전유한다.

혁명기간 동안 파리는 다양한 에너지들이 분출하는 장소였다. 생산영역에서 "무엇인 긴급한 일인지, 무엇이 객관적 보도인지를 결정하는 것은 바로 노동자들이었다. 즉, 중요한 사실은 노동자와 그 조직이 결정하고 있었다. 평상시 당연시됐던 생활필수품들이 이제 확연히 인간 노동의 산물로 드러났다(콜린 바커 외 4명, 2011: 46)." 그러나 "파업이 협상이라는 틀 안에 머물기를 바란 노조관료들은 체제와의 정면 대결 과정에서 분출한 현장 조합원들의 힘을 결코 달가워하지" 않았다(콜린 바커 외 4명,

2011: 47). 또 당의 개입 없이도, 노동자와 학생들 사이의 연대는 자발적으로 일어났다. 공간적 실천 주체로서 노동자는 르노 공장과 소르본 대학의 특정한 장소를 오가며 두 공동체의 서로 다른 분위기를 체험한다. 르노가 통제의 공동체라면 소르본은 조절의 공동체를 향해 있다. 노동자의 공간적 실천은 두 공간 사이에서 새로운 자유, 새로운 차이를 향해 다가선다. 이러한 공간적 실천으로 학생 등 여러 주체들이 함께 자신들의 원하는 세상을 향해 나아갈 수 있다는 것이 가능하다는 것을 경험한다. 서로가 원하는 공동의 관심사를 찾고 이를 표현하며 공동권력을 구성하는 공동체의 일원이 된다. '가능하다'는 믿음은 몸과 몸이 부딪히며 연대하는, 주체들 서로가 서로를 조절하며 집단적 주체를 생산하는 공간으로 돌입하는 것을 가능하게 한다. "계급투쟁의 국면에서는 의식보다 자신감이 더 중요하다. 노동자들은 체제가 부패했고 자신들이 착취당하는 것을 모르는 것이 아니다. 그러나 자신들의 집단적 힘으로 상황을 바꿀 수 있다고 믿지 않는다. 1968년 5월 13일 전까지 많은 프랑스 노동자들이 바로 그런 상태에 있었다(콜린 바커 외4명, 2011: 42)." 그런 노동자들에게 소르본에서의 경험은 새로운 믿음을 심어주었다. 소르본 내의 특정한 공간은 노동자와 학생이, 그들이 원하는 도시를 함께 만들기 위한 공적 영역의 장소가 된다.

68혁명을 일으킨 대중의 자발성은 국가와 자본이 자신들을 통제하고 그들의 생존을 위협하려는 것을 거부한다는 공통된 목표를 향해 있었지만, 그 자발성들이 모두 동일한 형태로 드러난 것은 아니다. 다양한 주체들의 자발성은 최대한의 차이를 향해 그 자신을 스스로 생산하기 시작한 것이다. 그들은 자신들이 어떤 현실에 놓여야 하는지, 현실은 어떻게 흘러가야 하는지를 적극적으로 표현하면서 그렇게 했다. 68혁명의 열기에는 "따뜻함, 단순함, 진리, 극장이나 스펙터클이 없는 삶"에 대한 호소가 있다. 그리고 "새로운 배치와 새로운 충성심을 지닌 야생적이고 대규모적인 실험에 대한" 요구가 있다. 호소와 요구들은 "좀 더 실험적인 공산주의적 이상이며, 자율에 대한 요구 및 국가에 대한 혐오, 사보타주의 호소라는 점에서 명백하게 무정부주의"의 성격을 띤다(매리필드, 2013: 115). 정부와 자본이 만들어내는 질서에 반하여 자신들의 흐름을 만들었지만 결국, 이 흐름은 프랑스 전역으로 확산되지 못했다.

"5월 투쟁의 가장 전투적인 부위는 학생들과 청년 노동자들이었지만 선거권은 21살이 넘어야 주어졌다. 만약 16살~21살 청년 500만 명에게 선거권이 주어졌다면 이들이 어떻게 투표했을지는 짐작만 할 수 있을 따름이다. 200만 명의 이주 노동자 역시 투표권이 없었다. 군인들에게 선거 유인물을 돌리려던 공산당원들은 체포된 반면, 해군 기지 내에서는 드골 지지 선전물이 배포"되었다(콜린 바커 외, 2011: 86). 혁명 열기, 자발성의 에너지, 도시권을 향한 힘들은 기존 헤게모니 장치들로 다시 포섭된다. 그리하여 혁명은 더 이상 진전되지 못했다. 콜린 바커는 『혁명의 현실성』에서 68혁명의 교훈을 다음과 같이 말한다. "첫째, 심지어 매우 발전한 선진 자본주의 나라에서도 노동계급은 체제 전체에 도전할 수 있는 힘과 잠재력이 있음이 드러났다. 둘째, 대중 파업이 어떻게 사회의 모든 부분에 영향을 미치는지, 또 어떻게 노동조합주의의 한계를 뛰어넘는 요구들을 제기하며 통제의 문제를 투쟁의 중심에 가져다 놓는지 보여줬다. 셋째, 혁명적 지도력이 존재하지 않는다면 개혁주의가 심지어 가장 급진적인 운동에 대해서도 통제력을 회복할 수 있고, 운동을 다시 기존 질서의 틀 안에 가둘 수 있다는 점도 드러났다(콜린 바커외 4명, 2011: 88)." 이는 대중 자발성, 자주관리만으로는 혁명이 성공할 수 없다는 사실을 보여준다. 자발성, 자주관리를 확대하고 이를 정치적으로 전환할 수 있는 조직과 지도력이 없다면, 운동은 언제든지 기존의 제도 안에 갇힐 수 있다. 그런데 68혁명은 공산당의 지도 없이도 가능했다. 이는 자발성을 확대하고 지속시키는 조직이 어떤 성격을 가져야 하는지를 알려준다. 68혁명의 과정에서 다양한 주체들의 연합인 대중들이 공산당의 통제력과 국가의 통제력 모두를 거부하고 그들의 도시권, 그들이 가진 차이를 스스로 조절하려 했다는 점은 중요하다.

마리날레다의 주민회의, 몬드라곤의 협동조합

스페인의 안달루시아의 이상한 마을 마리날레다●29●에는 특이한 거리
가 있다. 마리날레다에서 민주주의 선거가 시작된 것은 1979년이다. 이
선거에서 안달루시아 좌파연합(Colectivo de Unidad de los Trabajadores-
Bloque Andaluz de Izquierdas CUT-BAI)이 다수당이 되었는데, 이 당은 노
동자의 단결을 지향한다. 오늘날 마리날레다의 시장으로 유명한 산체스
고르디요는 이 당에 속해 있었다. 좌파연합이 다수당이 되자 시의회는 마
리날레다의 거리이름을 대부분 바꾼다. 19세기에 아나키스트 시장이었
던 페르민 살보체아, 안달루시아의 아버지라 불리는 인판테의 이름을 붙
인 거리가 마리날레다에 생겨났다. 스페인 독재자 프랑코를 지지했던 사
람들은 지방분권자이자 아나키스트라는 이유로 인판테를 살해했다. 이
파시스트 독재자를 기리던 프랑코 광장은 아옌데 광장으로 바뀌었다. 아
옌데는 라틴 아메리카에서 민주적으로 선출된 최초의 지도자다. " '박애'

●29● 오늘날 17개 자치주로 구성된 스페인은, (1873년에 잠깐 존재한 제1공화정 이후 왕정복고 뒤) 다시 1931년에 제
2공화국으로 민주주의가 자리 잡기 시작했다. 그러나 1936년에 극우 프랑코의 쿠데타로 혁명군과 내전이 발발, 혼란에 빠
졌다. 그 무렵 안달루시아 제시야 지방에서는 무려 238번의 파업이 일어날 정도로 사회 경제적 불안이 심했다. 특히 이 지역
은 도시화나 산업화와는 거리가 먼 오지였다. 내전 1939년 파시스트 프룽코의 승리로 끝났고, 40년간 독재와 탄압 아래 진
보 세력은 크게 위축되었다. 카뮈의 말처럼 '반란의 고향' 안달루시아 지역, 그 속의 토지 없는 농민의 고통과 굶주림은 더욱
심해졌다. 반면 귀족들은 부재지주로서 넓은 토지(라티푼디오)를 소유하고 농민과 노동자 위에 군림하며 착취했다. 빈민 입
장에서 삶의 돌파구는 아래로부터의 토지 개혁뿐이었다. 그러나 1936년 이후 약 40년간 파시스트 지배 내내 그러한 개혁은
이뤄지지 않았다. 당시 스페인에서 호르날레로 알려진 토지 없는 일용 노동자의 90퍼센트는 1년에 겨우 두어 달 일한 것으
로 온 가족을 먹여 살려야 했다(핸콕스, 2014): 272).

와 '연대'로 이름을 지은 거리, 시인 페데리코 가르시아 로르카와 파블로 네루다, 체 게바라의 이름을 딴 거리뿐만 아니라 수많은 스페인 공산주의자, 공화주의자, 시인 안토니오 마차도 등 순교한 예술가의 이름을 딴 거리도 있다(핸콕스, 2014: 32)." 자본주의적 헤게모니와 혈투를 벌여 왔던 이들을 기리는 공간, 그들의 삶을 자랑스럽게 생각하는 이들의 공간이 오늘날 마리날레다에 있는 것이다.

1979년 마리날레다에서 산체스 고르디요 J. M. S. Gordillo 라는 시장이 당선되고 그 이후로 마리날레다는 새로운 공간으로 분비된다. 고르디요 시장은 2015년까지 장기집권을 하고 있는 어떻게 보면 마리날레다의 독재자라고도 할 수 있다. 그러니 이런 시장과 좌파연합, 아나키스트, 인판테, 아옌데, 체게바라는 어딘지 어울리지 않아 보인다. 게다가 마을이 공동으로 소유하고 있는 우모소농장 입구에는 '유토피아로 가는 길'이라는 벽화까지 있다. 이는 '우리가 살고 있는 이곳이 유토피아다'라는 마을(사람들)의 자기표현이다. 자본주의체제와 연결된 스페인에서, 그것도 장기적으로 집권하는 시장이 있는 곳이 유토피아로 가는 길목이 될 수 있을까. 이곳의 주민들은 그렇다고 대답한다. 고르디요가 시장에 선출되자마 "자신의 권력을 주민회의에" 내어 놓으면서 유토피아를 향한 행군이 시작된다. 마리날레다에서 서로 의논하고 결정해야 할 사항들은 '주민회의'에서 결정된다. 서로 나눠야 할 문제를 시장市長이 설명하고 주민들과 함께 이를 의논하는 것이다. 주민회의가 열릴 때만다 많은 주민(300~400명)이 참여한다. 이 주민회의는 시장을 탄핵하는 것도 가능하다.

1936년부터 시작된 40년간 파시스트의 지배와 통제 아래에서 빈곤에 찌들고 피폐해진 마리날레다 사람들이 직접민주주의를 쟁취하고 이 지역을 재전유하며 민주적인 마을공동체를 구성하기까지 어떤 실천들이 있어 왔는가. 마리날레다 정치벽화는 이 실천을 기록하고 있다. "정치벽화, 어떤 것은 안달루시아 깃발, 스페인 제2공화국 깃발과 함께 '안달루시아 사람들아, 일어나라!', '텔레비전을 끄고 마음을 켜라', '자본에 맞서 사회 전쟁을!'하고 목청을 높인다. '자유는 구걸하는 것이 아니다'라는 구호는 쿠바 혁명가 호세마르키의 말을 인용한 것이다. 농지개혁과 비무장:"평화와 빵, 일", 동성애 혐오 종식, 팔레스타인과 카탈루냐, 바스크지방, 페루, 발레카스(마드리드 노동자 계급 거주 지구), 콜롬비아와의 연대나 그들의 연대를 요청하는 벽화도 있다. 이들 가운데는 마을에 찾아온 사람들이 마을 너머에서 벌어지는 투쟁을 그린 것들이 많았다. 가장 상세한 벽화는 1980년대에 마을에서 벌인 악명 높은 토지 점거 운동을 그린 것"이라 한다(핸콕스, 2013: 33). 그때 마리날레다 사람들은 안달루시아의 불평등한 구조 속에서 자기들 것이 될 수 없었던 토지를 자기들 것으로 만듦으로서 그들의 새로운 공동체를 향해 나아가기 시작했다.

마리날레다의 빈곤, 실업문제를 해결하려면 토지가 필요했고 이 토지를 얻기 위해 시장과 마을사람들은 어떠한 싸움도 불사했다. 이들은 귀족·공작이 소유한 우모소 농장을 여러 차례 점거하고, 총파업을 벌이고 열흘 동안 단식하는 것으로 투쟁을 지속했다. 그리고 1991년 마침내 스페인 정부로부터 1,200헥타르에 이르는 토지를 받게 된다. 그리고 그 땅을 토대로 8개의 협동조합을 만들고 이를 주민회의가 공동으로 관리한다. 이는 농작물을 기르는 땅의 권리가 농사를 짓는 거주민에게 있음을 잘 보여준다. 과격하고 지속적인 투쟁은 마리날레다 사람들을 자신들이 살고 있는 공간에 적극적으로 개입하여 마리날레다를 그들이 원하는 공동체 공간으로 만들어가는 수단이다. 이 과정에서 마을사람들은 79년 이전의 마리날레다와 다른 마리날레다를 생산했고, 거주민들은 이 생산과정에서 이전과는 다른 새로운 주체, 능동적인 주체, 함께 자신들의 공간을 생산하는 주체가 되었다.

마리날레다 사람들은 카시타 casita 라는 주택을 짓고 협동조합방식으로 관리하고 푸에블로●30●의 전통을 이어가며 전통축제 페리아를 부활함으로써, 직접민주주의를 실현한다. 카시타는 마리날레다 사람들이 함께 직접 지은 공동 주택이다. 안달루시아 지방 정부가 자재를 제공하고 마

●30● 푸에블로는 "노동자 계급이 자신을 지역의 부자들과 구별해서 부르는 '서민', '대중'을 뜻한다는 것이다. 부자들은 "실은 푸에블로가 아니라 더 넓은 세계에 속한 사람들이다. 그들은 이미 그러한 세계를 자신의 세계로 정했다. 이런 의미에서 푸에블로는 잠재적으로 혁명적 세력이다""(핸콕스, 2014: 39).

을 사람들이 시공했다. 카시타는 개인이 사고 팔 수 없다. 마을 사람들은 한 달에 15유로를 내며 집을 사용한다. 350채에 이르는 가정집인 카시타는 마을의 공동체적 성격을 보여주는 상징적인 것이다. 마리날레다는 마을사람들의 공동체 공간이 되었지만, 그렇다고 그들의 개인생활을 지속하는 사적 공간조차도 공적 공간이 되었다는 것을 뜻하지는 않는다. 단지 그들의 공간을 사고 팔 권리가 개인에게 있지 않다는 것이다.

"노동자들이 토지와 생산시설을 소유함으로써 … 우선 실업문제가 크게 해결됐지요. 그래서 더 이상 마을을 떠날 이유도 지주를 위해 일할 필요도 없어졌고, 또 노동자들은 자기 자신을 위해 공동소유의 땅을 경작하게 됐습니다. 두 번째로, 우리는 마을 사람들의 이주 물결을 멈출 수 있었어요. …세 번째로, 소유주의 자본주의적 착취를 막을 수 있게 되었습니다. 왜냐하면 노동자가 생산하는 잉여분은 안정된 일자리라는 형태로 그들에게 되돌아가니까요. 네 번째로 우리는 소유권이 박탈된 계급에서 공동으로 관리하는 토지와 산업을 갖춘 계급으로 변화했습니다. 그리고 마지막으로, 우리는 삶의 질을 180퍼센트나 개선할 수 있었어요 (존 조던·이자벨 프레모, 2013: 173~174)."

마리날레다 사람들의 투쟁은 순탄하지 않았다. 그들이 저항한 대상은 자본주의적 특성, 즉 그들의 삶의 공간을 통제하고 그들의 존엄성을 억압하는 힘이었다. 고르디요에 의하면 그 특성은 "착취와 불평등에 기반을 둔 자본주의적 포식성"과 "소수가 특권을 유지"하려 드러내는 공포정치다. 이 저항은 자신들의 공간을 생산하고 유토피아적 공동체를 구성하는 것으로 대체된다. 존 조던·이자벨 프레모는 "마리날레다를 머레이 북친 Murray Bookchin 이 말하는 아나키즘 Anarchism 적 지방자치주의를 실행에 옮기려는 진심어린 시도"라고 판단한다(존 조던·이자벨 프레모, 2013: 185). 왜냐하면 "아나키즘적 지방자치주의 과성은 유권지와 가장 가까운 대의 수준에서 후보를 내놓는 지역사회 운동에서 시작되"고 "권력현장으로서 국가제도를 거부하여 이를 해산 및 와해시키고자 하는 목적"을 가졌기 때문이다. 마리날레다는 스페인 국가를 견제하는 효율적인 형태를 생성해 냈다는 것이다. 마리날레다는 국가에 저항하는 공동체로서 그리하여 스페인의 국가를 조절하는 세력으로 지속적으로 존재할 것이기 때문이다.

그러나 자본주의적 사회관계가 여전히 굳건하다는 것, 그 관계가 마리날레다를 언제든 더 혹독한 위험으로 빠뜨릴 수 있다는 것은 숙제로 남아 있다. 마리날레다에서도 지루한 노동구조는 변하지 않았다. "여기서도 인간의 육체는 기계에 몸을 숙여야 하고, 생산은 시장의 절대 독재에 따라야 하며, 자율성 따위는 공장에 들어서는 순간 내려놓아야 한다. 자본주의하의 난폭한 단절의 요소, 즉 우리가 (재)생산하는 세상과 우리 중

대다수를 갈라놓는 이 거대한 해자인 노사관계는 그대로 남아 있다(존 조던·이자벨 프레모, 2013: 177). 그럼에도 마리날레다 사람들이 "자신들의 꿈 때문에, 땅으로 돌아가고 땅에서 살고, 유기농 표시 없이 유기농을 하고 빵을 굽고 염소를 키우고, 신발 끈 사업을 하고, 집을 지으며 새로운 삶을 사는 꿈 때문에 행동"하고 있다는 것은 변함없는 사실이다. 이들은 "공통의 가치를 발견"하고 "공통의 적을 공유하는 법을 발견"하고 "새로운 급진적인 정치를 함께 만들어 가고 있다." 이러한 실천으로 현실과 마주하는 이곳 사람들은 메리필드가 말하는 "능동적인 의사에 근거한 새로운 종류의 사회 운동의 자양분"이 되기에 충분하다(매리필드: 2013, 90). 고르디요 시장은 스페인 국가에 기대어 마을을 통제하는 것이 아니라 마을사람들이 함께 마을을 조절하려 한다. 이에 마을사람들은 자신들의 차이를 자유롭게 표현하고 이 차이들을 마을의 공동가치가 되도록 조절하려 한다. 그런 가운데 마리날레다는 가난하지만 함께 하는 공동체로 나아가고 있다. 이는 마을의 '자발적 공동체를 생산'하는, '주민과 행정의 앙상블'이라는 새로운 역할을 보여준다.

한편, 스페인 바스크 지역인 몬드라곤●31●에는 몬드라곤 협동조합이 있다. 이 협동조합은 마리날레다와 같이 지역사회 공동체를 구성하고 있다.

●31● 몬드라곤은 피레네 산맥 남쪽 대서양 연안 쪽 북부해안에 위치한 두 개의 바스크 도시 빌바오와 산세바스티안 중간 안쪽, 빌바오에서 50km 남동쪽, 산 세바스티안에서 100km 남쪽 바스크지방 내륙 산악지대에 위치하는 인구 3만의 도시다. 1986년 국제무대 활동주체로 부상, 몬드라곤 협동조합회사 법인이라 지칭한다(장세룡·류지석, 2010: 150).

"대부분의 독자들은 잡화편의점과 신용조합 등 소비자 협동조합에 익숙하다. 19세기 유럽사회에 뿌리를 둔 협동조합 사업전통은 자신들이 의지해야 하는 사업들을 평범한 시민들이 통제하도록 하고, 그렇게 함으로써 모두의 삶이 더 나아지도록 해야 한다는 개념을 토대로 삼고 있다. 이 시스템에서는 각각의 주주들이 투자한 금액의 액수와 무관하게 오직 한 개의 투표권만 갖도록 되어 있다. 유럽과 미국에서 대부분의 협동조합들은 이용자(소비자: customer)들에 의해 소유되었다. 근로자협동조합 형태의 근로자 소유형태는 상대적으로 최근에 발전된 형태였다. 그래서 몬드라곤의 ULGOR회사 설립자들이 모든 근로자들은 협동조합 형태로 각각 1표씩 갖는 소유권자여야 한다고 제안했을 때, 그 설립자들은 협동조합 전통에서 하나의 신기원을 이루게 되었다(맥레오드, 2012: 37~38)."

몬드라곤은 기업을 자본 축적을 위한 공동체가 아니라 인간성을 구현하는 공동체로 본다. 공동체의 최종 목표는 구성원들이 인간다운 인간으로 함께 성장하는 것이다. 몬드라곤 협동조합이 다른 협동조합과 다른 점은 이용자의 권리가 아니라 근로자의 권리를 중심으로 운영된다는 사실이다. 근로자들은 그들이 얼마를 투자했건 협동조합 내에서 1표씩을 행사할 수 있다. 주류경제에서 고립되는 협동조합을 극복하기 위해 기술과 기법을 중시하고 개인의 역할을 강조한다.

노동자 개인은 법인의 소유자이며 조절자라는 것을 조합은 명시한다. 이는 몬드라곤이 민주적으로 의사를 결정하고 이익을 분배하며 지역사회 공동체에 대한 책임감을 확장하는 방식으로 협동조합을 운영하기 위한 토대가 된다.

"몬드라곤 시스템의 진수眞髓는 소비자나 생산자 둘 가운데 어느 한 쪽을 선택하는 것이 아니라 소비자와 생산자를 하나의 복합체 조직으로 연결하는 것이다. 그렇게 함으로써 설립자들은 생산자와 소비자의 권리, 양측의 경제적 균형을 존중하는 시스템을 고안할 수 있다는 점을" 보여준다(맥레오드, 2012: 46). 돈 호세 마리아는 개인 소비를 늘리기 위한 수단으로 근로를 보는 관점과 부를 창출함으로써 공동의 자원을 쌓아가는 것으로 근로를 보는 관점 사이의 모순관계를 파악했다. 그는 또한 사회의 형태가 경제 구조에 따라 결정된다는 견해와 모든 것이 선의의 도덕적 태도에 따라 결정된다는 전통적 견해 사이의 관계에 대해서도 주목했다. 그는 양쪽 측면에서 받아들일 수 있는 것을 채택하여 가능한 논리로 종합하려고 노력했다. 그는 "경제혁명은 도덕적일 것이다. 그렇지 않으면 성공하지 못할 것이다. 도덕 혁명은 경제적일 것이다. 그렇지 않으면 성공하지 못할 것이다"라고 했다(같은 글, 같은 쪽).

아랑구렌 Aranguren 은 돈 호세 마리아가 1960년대 유토피아 운동의 선구자였다고 평가한다. 그는 자본주의 경제 발전과정에서 나타나는 비인간화현상에 반대한다. 그는 경제적 명분과 도덕적 명분을 조화시키려고 했다. 도덕성은 자신의 개발에 대해 책임감을 갖고 그 개발과정을 자신의 이상에 따라 평가하는 개인들을 포함한다. '경제적 혁명은 도덕적이어야 하고 도덕적 혁명은 경제적이어야 한다'는 슬로건의 중심에는 인간이 있다. 자본주의 추상공간이 통제하는 사회에서 생산자이면서 소비자인 우리는 이를 분리된 주체들로 인지한다. 이 주체의 분열은 자본주의 생산방식, 자본주의 이데올로기를 자연스러운 것으로 만든다.

그러나 몬드라곤에서 노동은 자본주의의 죽은 노동을 변형시켜 살아 있는 인간 자신의 실천, 노동으로 존재하도록 한다. 몬드라곤 협동조합은 노동이란 여러 인격을 개발하는 것이고, 노동자에게 노동과정은 창조적 인격을 형성하게 만든다고 믿었고 그런 노동과정을 체계적으로 구체화한다. 사람, 노동자의 기계적인 능력은 기계의 조작을 통해 실현되지만 지적이며 도덕적인 역량은 그 지배 구조에 참여함으로써 발휘된다. 즉 노동과정이 곧 그 개인의 인격이 성장하는 과정이고, 노동자는 이 과정에 참여함으로써 자기 자신을 창조적으로 생산하는 시스템이 몬드라곤을 지속시키고 있는 것이다. 세계 경제체제 때문에 발생한 어려움이 있을 때마다 공동체를 지속시키는 이러한 토대는 세계의 자본주의 시장에서도 어느 정도 탁월한 경쟁력을 보인다. 이는 기존의 자본주의적 생산방식이 생산력 향상을 위한 유일한 방식이 아니라는 것을 입증한다.

도시공동체와 도시정치

조절의 공동체에서는 민중, 대중이 그들이 원하는 공동체를 만드는 데 통제권을 발휘할 수 있다. 주체의 자발성은 모순의 주체가 될 때 드러나는데, 이 자발성은 대립적인 항에 의해 지워진 채로 존재하지만 절대로 지워질 수 없는 대립적인 항이 귀환하는 힘이다. 다른 항이 모순을 새로운 차이, 새로운 현실로 전환하려는 주체의 운동이 바로 자주관리다. 따라서 새로운 공동체는 통제에서 벗어나 통제(들)에 묶여 있는 차이(들)를 풀어내고 이 차이(들)를 통제하지 않고 조절하려는 운동이다. 지배세력이 지배하려고 그 의무를 다 하듯이 피지배세력은 지배를 뚫으려는 의무를 다해야 한다. 도시는 이 상반된 두 힘이 언제나 폭발하는 공간, 유토피아를 향한 공간이어야 하는 것이다. 도시의 자주관리권은 새로운 주체, 새로운 시민을 생산한다. 새로운 공동체는 차이를 통제하지 않고 조절하는 또 다른 새로운 공동체를 향해 열린 운동의 공동체다. 자본주의 도시가 모순을 생산할수록 이 도시권은 현실적이고 필연적인 요청이 된다.

그런데 자본주의 도시가 모순을 생산하는 구조라면, 이 도시에 사는 주체는 자발성을 시시 때때로 발휘해야 한다. 그런데 현실은 그렇지 못하다. 왜냐하면 도시의 통제권을 가진 지배세력은 고도로 세련되고 정교

한 지배 장치를 이미 확보하고 있기 때문이다. 자본주의 지배세력은 도시생산을 통해 지배세력의 지식, 기술, 노동, 관리, 진리를 생산하고 통제의 주체를 요구한다. 이러한 현실 속에서 지배세력의 통제를 뚫고 새로운 사회로 나아가려는 움직임들이 있어 왔다. 지배세력의 통제는 늘 혁명의 움직임을 생산하는 토대였다. 룩셈부르크 Rosalia Luxemburg와 아렌트 Hannah Arendt 는 이 꿈틀대는 혁명기운이 새로운 공동체로 이어질 수 있는 가능성을 모색했다. 대중 자발성을 침해하는 것은 이 자발성을 통제하려는 것이다. 혁명의 기운이 꿈틀거릴 때, 당이나 조직은 자발성의 힘이 새로운 공동체로 이어질 수 있도록 해야 한다. 룩셈부르크에 따르면 혁명가는 대중을 통제하는 것이 아니라 혁명의 슬로건을 현실로부터 발견해서 이 혁명세력에게 지속적으로 제안해야 한다. 아렌트는 정치를 통해 주체와 비非 주체주체들이 함께 살아가는 비 be 주체의 공동체를 이야기한다. 소외된 자들이 공동권력을 구성하고 이 공동권력이 뿌리내릴 수 있는 공적 영역의 장소를 찾아 주체로서 함께 살아가기 위해 필요한 것이 정치다. 정치는 자신이 살고 있는 장소에서 경험한 것을 서로 주고받는 행위다. 이런 행위 action 는 하나의 지배적인 세계관에 따라 그 세계관을 습관적으로 전파하는 행동 behavior 과는 다르다. 자신이 살고 있는 장소에 개입하고 이에 대한 의견을 나누는 정치행위로 형성된 공동권력. 이 권력은 서로 다른 차이들을 조절하는 공적 영역을 구성한다.

68혁명, 스페인 마리날리다 마을공동체, 몬드라곤 협동조합은 자본주의의 글로벌한 세계시장이 생산하는 이소토피아 속에서 튀어 오른 헤테로토피아다. 이 헤테로토피아는 유토피아를 향해 있다. 68혁명은 일시적이었지만 이 혁명에 참여했던 이들은 특정 공간에서의 유토피아를 체험했다. 노동자, 학생, 주부 등 다양한 주체들은 당의 지도 없이 자신들의 조직을 구성하려 했다. 이는 대중 자발성으로 조직을 구성하려 한 시도다. 게다가 68혁명은 동일성의 통제권을 뚫고 일부 장소들에서 다른 주체들이 서로의 차이를 생산하며 조절하는 공동체의 가능성을 보여줬다. 마리날레다는 마을을 다스리는 행정대표인 시장과 주민인 마을사람들의 연합체가 어떻게 새로운 공동체를 만드는지를 보여주는 사례다. 고르디요 시장은 행정의 통제권을 내려놓고 마을 사람들과 함께 조절을 공동체를 만들기 위해 투쟁한다. 마을사람들은 시장과 자신들의 차이를 자유롭게 표현하고 서로 다른 이 차이들이 마을의 공동가치가 되도록 조절하려 한다. 또한 마리날레다는 다른 지역들과 연대도 시도한다. 이 과정에서 가난하지만 마리날레다는 새로운 공동체가 된다. 몬드라곤은 노동자의 소유권을 보장하는 협동조합이라는 혁신적인 생산과정을 도모한다. 여기서 인간의 노동은 인간의 창조성으로 이어지고 그 결과물은 다시 사람들에게로 흘러간다. 이는 인간의 살아 있는 노동을 죽은 노동으로 전환하는 자본주의 생산과정이 부르주아지의 이익을 위한 장치임을 입증한다.

대중 자발성을 토대로 새로운 정치공동체를 형성하고자 한 룩셈부르크와 아렌트는 민주공동체를 형성하는 실천원리를 이야기한다. 이는 인식론 층위에서 작동하는 원리로, 각각의 시대와 공간에 맞게 어떻게 실천할 것인가를 해결해 주지는 않는다. 세다가 룩셈부르크나 아렌트의 주장 또한 한계를 가지고 있다. 다만 이들이 주장한 내용들을 통해 '조절의 공동체'를 좀 더 구체화하는 장치로서 만족할 수밖에 없다. 뿐만 아니라 20세기 중후반부터 지금까지 이 조절의 공동체를 시도했던 사례들 또한 한계가 있다. 68혁명의 경우, 다양한 주체들이 자발적으로 참여해 생성한 조절의 공동체를 향해 나아갔지만, 이 힘이 국가 장치를 분쇄하지 않으면 새로운 공동체는 언제든지 국가적 장치에 의해 지배적 질서로 흡수될 수 있다는 것, 그리고 '그렇게 재구성된 국가적 장치는 더욱더 견고해 진다'는 사실을 알려준다. 그런가 하면, 마리날레다에서 투쟁의 고단함은 끝이 없다. 마리날레다는 도시라기보다는 농촌단위 규모의 생산력을 보이며 고된 노동 속에서 여전히 가난한 상태를 벗어나지 못하고 있다. 스페인이라는 국가 체제에 저항하지 않으면 마리날레다는 현재 그들이 유지하고 있는 유토피아마저도 지속할 수 없는 상황이다. 또한 몬드라곤의 혁신적인 생산력은 자본주의 시장에서 탁월한 경쟁력을 보였지만 좀 더 강한 경쟁력을 요구하는 신자유주의시장에서 몬드라곤의 '탁월함'은 늘 위태로운 것이다. 몬드라곤은 아직 "국제 경제의 냉혹한 현실(그레그 맥레오드, 2012: 288)"을 타파하거나 벗어나지는 못했다. 다국적 체인들에 밀려나지 않기 위해 몬드라곤은 다국적 협동조합을 설립할 수밖에 없었다. 그러면서 이곳의 지도자들은 대규모 자본주의 회사법인과 계약을 체결할 수밖에 없는 딜레마●32●에 빠져 버렸다. 몬드라곤은 세계적 규모의 신자유주의체계로부터 자유로울 수 없게 되었고, 이를 어떻게 타개해 나갈지에 따라 몬드라곤 협동조합의 지속여부가 결정될 것이다.

마리날레다와 몬드라곤은 " '도덕'과 '연대'의 경제, 지역 경제 거래시스템과 물물교환, 자발적 공간의 창출 등으로 세계를 바꾸려는 시도"였지만 "아직까지는 지구적 차원의 반자본주의 해법 모델로 실현 가능성을 입증하"는 데에까지 이르지 못했다. 하비의 말대로 이들 공동체가 지구촌의 자본주의적 모순을 해결하지는 못했지만, 이들 공동체는 새로운 공동체를 희망하는 우리가 상상해야 할 것들을 알려준다. 이 상상의 원천은 주체의 모순, 도시공간의 모순이다. 모순을 넘어 차이로 나아가는 것은 유토피아에 이르기 위한 과정이다. 그 유토피아에 당도하려면 신자유주의적 헤게모니와 부르주아지를 위한 국가장치를 반드시 넘어서야 한다.

●32● 다국적 기업과 계약을 체결하기 시작하면서 몬드라곤 협동조합은 모순에 빠진다. "당초대로 근로자 소유권 체제를 고수한다면 몬드라곤의 근로자들이 결국 일자리를 잃게 되어 피해가 발생될 것이다. 그들이 자본주의적인 다국적 체제에 참여한다면 그들은 자신들의 당초 민주적인 철학을 위배하게 된"다는 점이다(그레그 맥레오드, 2012: 289).

그리고 유토피아를 향한 고된 행군에서, 자주관리를 실천하는 주체는 자신의 해방을 위해 싸운다. 해방된 주체들은 다양한 차이를 조절하는 권리를 가지기 위해 또 싸운다. 조절의 공동체를 향한 비판적이고 능동적인 공간적 실천은 "우리를 삶으로 인도하며, 우리의 삶에 의미를 부여하고, 이 삶의 창조에서 주체로, 우리 고유의 활동과 신체의 주인으로 만드는 데 도움을 준다(매리필드: 2013, 88)." 우리가 살고 있는 장소에 개입해 그 경험을 적극적으로 표현하고 함께 공동권력을 구성할 수 있는 정치를 할 때, 그리고 어떠한 상황에서도 끝까지 포기하지 않고 다르게 상상하기를 멈추지 않을 때, 중앙집권적 흡수방식을 지치게 만들 때, 우리는 새로운 공동체로 돌입할 수 있다. 그런 다음 중앙집권적 흡수방식을 분쇄할 수 있는 조직을 구성하고 조절의 공동체를 향한 운동을 확산해야 한다. 이 운동은 삶의 장소와 자신의 몸을 두고 신자유주의와 싸우는 도시일상투쟁이 될 것이다. 위기의 원도심은 자본주의 공간의 위기이자 원도심에 살고 있는 이들의 위기이며 계급의 위기이다. 이 위기를 새로운 공간의 가능성으로 전환하기 위해서 조절의 공동체를 상상하고 실천하는 도시정치가 필요하다.

© Lee inmi

부산
원도심에서
도시재생을
다시
생각하다

공간생산 가능성은 공간을 사용하는 이들이 공간 생산수단을 전유할 때 이루어진다. 몸을 가진 주체가 자신의 몸을 생산하는 수단을 전유할 가능성도 마찬가지다. 도시 공간생산 가능성은 도시인이 도시생산수단을 공유하는 데에 있다. 도시 공간생산에 도시인이 적극적으로 개입할 때 이 가능성은 현실이 되고, 자본주의 도시 공간생산의 모순을 지양할 수 있다. 이는 소수 자본가와 이를 지원하는 국가제도에 집중되어 있는 도시 생산수단권을 되찾아 도시공간을 복제상품이 아닌 거주민의 공동 작품으로 생산하는 일이다. 또한 이는 거주권을 되찾는 일이자, 주체 생산권을 되찾는 일이다. 또한 소수가 공동체를 지배하는 것이 아니라 다수의 대중이 자신들의 공동체를 자발적으로 함께 구성해 나가는 일이다. 이 공동체에서 생산수단은 소유되는 것이 아니라 전유되며, 이 곳에서는 집중화가 아니라 다수의 중심성이 공존한다. "중심성 centrality 은 집중화 centralization 를 분쇄해야 한다. 중심성은 집중화와 합체되어서는 안 된다. 집중화는 부와 지식, 정보와 권력을 집중시켜 통제와 지배라는, '전체화하는 totalizing' 임무를 완수했다. 반면 중심성은 새로운 민주주의 논리와 전략을 탄생시켜야 한다. 중심성은 도시의 공간적 구멍들을 메워야 한다. 사람들로, 집회에 모인 사람들로, 서로를 만나고 서로와 소통하고 함께 행동하는 사람들로 그 구멍을 메우는 것이다. 그것은 곧 인간들의 흐름이다(매리필드, 2015: 124~125)."

도시 중심성은 사람들이 모이는 곳에 형성된다. 사람들이 자유롭게 어디서든 모일 수 있을 때, 중심성은 집중화되지 않고 자유롭게 이동한다. 중심성의 준거는 바로 몸이다. 몸은 자신만의 공간에 위치하며 방향을 가지고 움직인다. 움직이며 공간을 공유하는 이 몸들은 차이를 뿜어내는 샘이다. 중심성이 사람들의 자발적인 행위로 형성된다면, 집중화는 지배층의 통제로 형성된다. 즉 중심성은 몸을 가진 주체가 자신이 원하는 곳에 자신의 몸을 두고 몸이 체험하는 것을 바라본다면, 집중화는 한 곳으로 모든 몸들을 집결시키고 한 방향으로만 세상을 볼 것을 종용한다. 국가관료제와 자본은 다양한 중심을 하나의 중심으로 집중화한다.

도시 공동체에는 사람들이 모여 공동 관심사에 따라 개인 의견을 나누고 서로 소통하고 함께 행동하는 공동권력이 있어야 한다. 도시 공동체는 여러 개의 공동체로 되어 있다. 각 공동체는 중심성을 가질 수밖에 없고 이 중심성들은 서로 배타적으로 작동하기 십상이다(물론 중심성이 형성될 때도 마찬가지다). 이 때 필요한 것이 조절의 절차다. 이 조절은 이 공동체 내·외부에서 작동한다. 차이를 '특정한 진리'로 봉인하는 것이 아니라 차이들을 조절하고 협의하는 절차를 통해 공동체는 형성되어야 하는 것이다. 이는 특정계급, 특정집단이 집중화를 형성하는 위로부터의 민주주의가 아니라, 삶의 현장에서부터 그 차이를 인정하고 조절하는 아래로 부터의 민주주의이다. 이 민주주의에서는 경제적인 것이 다른 모든 것들을 지배하지 않는다. 하나의 중심으로 동일한 자유를 복사하는 것이 아니라, 다수의 중심으로 다양한 자유를 실천하는 것이 조절의 공동체, 풀뿌리 민주주의 공동체다.

마리날레다는 사람들이 모이고 만나고 서로 소통하고 새로운 공동체를 실험하는 공간으로 행정과 마을주민 사이의 앙상블이 어떻게 그들의 마을을 함께 생산하고 있는지를 잘 보여준다. 마리날레다는 스페인에서 새로운 중심성을 향해 나아가고 있다. 마리날레다 사람들은 행정의 집중화, 자본의 집중화를 배격한다. 그리고 몬드라곤은 노동자가 노동을 통해 자신을 창의성을 완성할 수 있는 전략을 고수하고 모색한다. 제한적 자유의 사슬을 풀고 최대한의 자유를 향해 노동자의 노동을 재조직할 때, 몬드라곤에는 모두가 자유로이 자신의 삶을 이끌어 나갈 수 있는 에너지가 흐를 것이다. 생산력의 발전이 곧 노동자 억압의 사슬로 둔갑하는 것이 아니라 노동자의 날개가 된다. 몬드라곤에서는 투명성이라는 가면의 이데올로기가 필요 없다. 이 두 공동체는 거주민 자발성, 노동자 자발성을 침해하지 않고 함께 살아나갈 수 있는 방법을 같이 연구하고 서로 나눈다. 위기도 나누고 생산력의 풍요로움도 나눈다. 도시의 새로운 질서는 가능하고 제한적 자유는 풀려난다. 이로써 명확해지는 것은 도시의 제한적 자유가 해방되기를 바라는 이들, 도시의 계급적 모순이 사라지기를 바라는 이들, 자신의 공간에서 자신과 대화하고 다른 이들과 대화하며 살아가기를 바라는 이들은 도시적 삶, 인간적 삶의 공간을 통제하고 지배하는 힘과 맞서야 한다는 사실이다. 통제와 지배의 힘은 사람들이 자신의 장소와 삶을 생산할 수 있는 자발적 권리, 자신을 새롭게 창조하는 차이의 권리, 사람들과 함께 모이고 어울릴 수 있는 중심성의 권리, 타인 · 자기 · 공간과 서로 앙상블을 이루며 도시를 만들어갈 작품의 권리, 그리고 그 속에서 삶의 축제로 즐길 권리를 모두 하나의 힘(중앙권력)으로 집중화하려 한다는 사실이다. 조절을 지향하는 공동체는 통제의 공동체와 다르다. 통제의 공동체는 단일한 중심을 복사하는 수동적 주체를 생산하는 반면에 조절의 공동체는 모순을 인지하고 이를 차이로 전환하는 능동적인 주체를 지속적으로 생산한다. 틈은 이 서로 다른 두 공동체 사이에서 발생한다. 그 속에서 우리는 그 공동체를 구성하고 있는 주체의 모순을 확인할 수 있다. 틈은 존재하는 것이 아니라 생산된다. 서로 다르게 될 수 있는 권리를 실천하는 것으로 이 틈을 생산할 수 있다.

도시 공간이 중심성을 잃어버리면, 곧 정체된 지역이 된다. 그러면 그 공간은 활기를 잃고 그 공간에서의 삶은 자생력을 잃어 버린다. 자본주의 도시화가 진행될수록 빈 공간이 늘어가는 것은 왜인가. 도시가 중심성을 잃어버린다는 것은 그 중심성을 빼앗는 다른 조건이 있기 때문이다. 자본주의에서 도시가 확장되면 기존의 중심이었던 공간은 괴사 壞死 한다. 현재 지구촌 곳곳에서 도시공간 공동화현상이 확산되는 것은 자본주의 도시화가 중심성을 통제하며 진행된다는 것을 알려준다. 자본주의가 오래될수록 도시의 빈 공간 또한 늘어간다. 그리고 그 빈 공간은 21세기 하위주체, 프레카리아트의 거주지가 된다. 오늘날 도시재생이 유행하는 것도 이와 무관하지 않다. 도시가 그 중심성을 잃어버리고, 슬럼가가 되었을 때, 이 공간을 다시 회복시켜 사람들이 살 수 있는 공간으로 만들어 보겠다는 도시재설계가 도시재생이다. 자본주의는 도시공간을 새롭게 생산하며 자본을 축적한다. 그 과정에서 도시 중심은 이동하고 중심을 잃어버린 공간은 쇠퇴하게 된다. 이는 자본주의의 구조적 모순 때문에 발생한 것이다. 공간 쇠퇴를 바라보는 이들은 그 공간을 사용하는 이들의 삶의 가치도 떨어진다고 이해하는 경향이 짙다. '원도심 쇠퇴'라는 문제를 다룰 때, 자본주의 모순 구조에서 출발하지 않는다면, 이는 문제를 해결하는 것이 아니라 단지 이동하는 것으로 귀결된다. 그리고 그 공간에서 살고 있는 이들의 삶의 가치마저도 부정하는 폭력을 낳게 된다. 이 방식은 신자유주의적 관점에서 이 공간을 재구성하려는 성향으로 돌아간다. 그래서 경제적인 효과 위주로, 자본의 집중화로 이를 복원하려 한다. 그러나 이는 권력이나 정보를 특정한 공간으로 집중화하는 경향을 띤다. 자본의 집중화로 인간 삶 중심성을 회복하려는 작업은 위험하다. 왜냐하면 자본의 집중화는 인간 삶의 중심성을 흡수하거나 분리시키기 때문이다. 현재. 도시재생의 그림자처럼 따라다니는 젠트리피케이션이 이를 잘 증명하고 있다.

제이콥스 Jane Jacobs 는 도시를 설계하거나 재생하는 이들이 인간 삶과 공간 관계를 고려하지 못하는 것을 다음과 같이 비판한다. "도시는 자동차 교통에 비해 경제·사회적으로 훨씬 더 얽히고설킨 이해관계를 갖는다. 도시 자체가 어떻게 움직이는지, 그리고 도시거리에 다른 무엇이 필요한지 알기 전에 어떻게 교통문제를 처리하는 법을 알겠는가? 당연히 알 수 없다. 우리가 너무 무책임해진 나머지 이제는 현실이 어떻게 되어가는지 신경도 안 쓰고 그저 순간적으로 눈에 띄는 겉모습만 보는지도 모른다. 만약 그렇다면 우리의 도시들이나 어쩌면 우리 사회의 다른 많은 것들에도 희망이 없을지도 모른다(제인 제이콥스, 2010: 26)." "도시는 도시 건설과 설계에서 실패와 성공의 시행착오를 거듭하는 거대한 실험실이다. 이 실험실에서 도시계획은 이론을 배우고 형성하고 시험했어야 했다. 그러나 도시계획이라는 학문분야(이런 이름을 붙일 수 있다면)의 실행가와 선생들은 실제 현실의 성공과 실패에 관한 연구를 게을리 했고, 예상치 못한 성공의 이유를 궁금해 하지 않았으며, 그 대신 도심, 교외, 결핵환자 요양소, 박람회, 상상 속 꿈의 도시 등의 형태와 겉모습에서 끌어낸 원칙을 길잡이로 삼는다―실제 도시에서는 아무것도 배우려 하지 않는 것이다(제이콥스, 2015: 25)."

그녀의 말대로 도시 부르주아지와 조력자는 부르주아지 지배를 재생산할 수 있는 지식과 기술을 생산하는 경향이 짙다. 이들은 도시가 움직이는 방식을 총체적으로 보지 않고, 그 도시와 도시사회가 어떻게 연결되어 있는지를 분석하지 않은 채, 도시를 설계하려 한다. 도시 설계는 물리적 공간의 설계일 뿐이거나 거주민이 아닌 도시재생 전문가의 개념과 희망에 따른 설계일 뿐이다. 이러한 방식의 재생은 자본주의 모순이 생산한 도시문제를 해결할 수 없고, 거주민의 문제를 해결할 수 없다. 그렇게 설계된 도시에는 물신 物神 적 성향이 팽배해진다. 이 성향은 도시의 집중화 속도를 높이고 도시가 모든 이의 유토피아가 될 수 있는 희망을 쫓아버린다. 이러한 비판은 자칫, 도시전문가 혹은 도시재생전문가 개인들이 저지르는 잘못으로 이해하기 십상이다. 그러나 여기서 지적하고 싶은 것은 자본주의의 구조적 문제를 고려하지 않은 지식이나 실천은 자본주의의 이데올로기 효과로부터 자유로울 수 없다는 사실이다. 초량이바구길은 이를 잘 보여준다.

　망양로 원도심은 북항 원도심과 마주보고 있다. 빈곤공간과 번영공간, 생산공간과 일상공간, 노동자공간과 자본·국가공간이 지척에서 서로 마주하고 있는 공간이 부산 원도심이다. 그리고 망양로 원도심에서 살았던 노동자는 이 원도심의 공간들 사이를 오간다. 북항에서 일했던 많은 노동자들이 이 망양로 주변에 모여 살고 있다. 국가의 질서가 통제하는 북항이라는 생산 영역에서도 서로서로 모여서 고단함과 여가를 나누는 중심을 만들어가며 생의 한 부분을 보냈다. 그리고 퇴근 후 집으로 돌아가는 길에도 식당에서 다방에서 이 중심은 흩어지지 않는 경향이 있다. 그런데 현재, 북항재개발로 북항은 흔적도 없이 사라지고 있다. 이 터는 새로운 이소토피아로 확대 재생산될 꿈에 부풀어 있다. 그리고 재생의 바람은 그들이 살고 있는 망양로 원도심에도 불고 있다. 이 재생은 북항재개발과 다른 측면에서 진행할 것이라고는 하지만, 공간을 구성하고 있던 사람들을 고려하지 않는다는 측면에서는 동일하다. 북항과 망양로는 서로 떨어진 공간이 아니라 함께 이어져 있다. 북항재개발과 망양로 원도심 재생은 서로 분리되어 있는 것이 아니라. 구조적으로 연결되어 있는 것이다. 북항재개발은 망양로 원도심을 관광지로 재생하는 것을 더욱 부추긴다. 일상공간은 더욱 빠른 속도로 상품화되며 파괴된다. 이 재생에 참여하는 행정가·도시전문가는 아래로부터, 거주공간으로부터 생의 에너지를 모으고 이를 활성화시키는 데 관심을 두지 않는다. 관심이 있다하더라도 그것은 '당위'적 관심, '담론'적 관심에서 벗어나지 않는다. 이러한 관심은 현실에 직접적으로 개입할 수 있는 틈을 내는 데 한계가 있다. 이들은 제이콥스가 말하는 도시계획자와 다를 바 없다. 이 도시계획자는 자신의 머릿속에 있는 이상적인 지식에 따라 도시를 분할하고 도시를 설계한다. 이로 인해 도시가 신자유주의적인 방식에 따라 이소토피화되는 것을, 그 가운데 거주민 삶이 추방되는 것을 '본의 아니게' 돕는 효과를 낸다.

초량이바구길 생산으로 분석한 망양로 원도심 도시재생에서는 이 공간 골목들에서, 쉼터들에서 무엇이 필요하고 무엇이 있어야 하는지를 분석한 흔적은 찾아 볼 수 없다. 오히려 거주민이 머무는 공간을 외부인에게 공개하는 방식으로, 과거 역사적 특정 인물을 재현하는 것으로 공간을 재생한다. 거주민이 머물렀던 공간은 이제 과거의 인물과 외부인으로 채워진다. 초량이바구길에 초량거주민, 망양로 원도심 거주민이 잘 가지 않는다는 것은 모순이다. 이는 도시재생이 무엇을 재생시키고 있는지를 알 수 있도록 하는 부분이다. 그럼에도 망양로 원도심 재생은 주민들을 불러 모으고 주민들의 욕망을 이해하기보다는 관의 욕망을 퍼트리는 데 집중한다. 부산 원도심 망양로 재생사업인 초량이바구길은 신자유주의적 모순공간을 생산한다.

도시의 발전을 위해서라면 사람이 사는 일상공간을 노출시켜도 된다는 식의 공간생산은 삶 공간을 상품화하고, 관광화하는 폭력으로 드러나기 때문이다. 관이 주도하는 도시재생의 성공은 망양로 원도심 일부 거주민들의 생활공간을 훼손함으로써 이루어진다. 국비로 망양로 곳곳에 북항바다를 볼 수 있도록 전망대를 설치하느라 이 침해의 영역은 더 넓어지고 있다. 많은 이가 부산을 느낄 수 있는 초량이바구길을 좋아한다. 인터넷 검색 포털에서 초량이바구길을 치면 이 길에서 볼 수 있는 독특한 풍경을 담은, 수많은 블로그가 나온다. 이는 초량이바구길의 인기를 보여준다. 또한 어느 고등학교 교사는 산복도로 버스투어를 마친 뒤, 부산에 살면서 이런 경험을 한 번도 해보지 못했다고, 이제 부산을 좀 알 것 같다고한다. 그리고 시간을 내서 학생들을 데리고 단체로 산복도로 버스투어를하고 싶다고 한다. 이러한 분위기에서, 거주민들의 일상생활공간이 파괴되는 것을 지적하는 마음보다는 도시재생사업이 이 지역을 좀 더 잘 사는곳이 되도록 응원하는 마음이 앞선다.

현재, 도시재생은 삶의 공간을 재생한다는 명분으로 망양로 원도심 일부구간을 이소토피아화한다. 또 마을을 구획하고 거주민들이 공동체성을 느낄 수 있도록 관 주도 아래 이야기를 찾아내고 마을 이름을 다시 짓는 등, 주민들을 동원해서 그들의 마을에서 분주하게 움직일 것을 요구한다. 이는 '마을만들기'라는 기획을 통해 위로부터의 자발성을 부여하는 새로운 형태의 통제다. 그리고 그 속에서 거주민들은 열심히 하는 자와 그렇지 못한 자, 관의 혜택을 받은 자와 못 받은 자로 분리된다. 이에 자신의 거주공간과 관계하며 살아가는 거주민들의 자발성은 침해받고 거주민들 공간은 관과 전문가 공간으로 변형된다. 이 도시재생은 거주민들을 고려하는 것이 도시를 자신의 입장에 따라 문제적으로 바라보는 행정, 전문가들의 필요에 따라 진행된 것에 지나지 않는다.

이 전문가들은 북항재개발과 망양로 원도심의 르네상스 사업을 연계해 원도심을 하나의 공간으로 통합하려 한다. 그들이 원하는 원도심 통합은 무엇인가. 머지않아 북항 해안선을 따라 거대한 마천루들이 늘어설 계획이다. 망양로변 주택들은 여전히 고도제한에 걸려 있지만 아래 동네의 주상복합 건물은 고도제한 없이 하늘을 향해 솟아오를 것이다. 그렇게 되면 망양로의 전망대는 북항바다가 아닌 해안선을 따라 늘어선 마천루를 구경하는 장소가 될 것이다. 물론 마천루들이 원도심의 랜드마크를 구성하고 부산 원도심을 부각시킬 수도 있겠다. 그러나 이 랜드마크가 누구를 위한 것이며, 어떤 파괴를 동반한 창조인가를 물어본다면, 문제는 달라진다. 랜드마크가 창조한 것만 보고 그것이 파괴하고 있는 것을 보지 못하는 것은 모순 상황을 모순으로 감지하지 않는 것이다. 그러한 시선 속에서 이바구길이 보여주는 모순적 공간 또한 보이지 않는다. 북항재개발이 제시하는 화려한 랜드마크의 유혹 아래, 망양로 원도심이 암시하는 암울한 미래는 가려진다. 공간이 화려한 모습으로 거듭나는 것은 '나'의 삶에도 (자본)희망이 깃들지도 모른다는 기대를 가지게 한다. 이것이 헛된 기대라 하더라도 사람들은 크고 세련되고 웅장하고 넓은 공간을 욕망하고 이에 중독된다.

신자유주의가 자본주의가 생산하는 중독의 체계에 젖은 우리는 자본의 논리에 버틸 수 있는 방법론을 잘 모른다. 자신의 튼튼한 두 다리로 땅을 딛고 서지 못하는, 모두가 병들었지만 아프지 않은 이들의 세상이 중독자의 세계다. 신자유주의시대, 문화도시는 사람들이 살고 있는 장소도 상품이라는 중독물로 전환하려 한다. 이는 사람들의 삶 전반에 착취의 촉수를 들이 대는 작업이다. 자본주의 중독체계는 수동적이고 무기력한 개인주체를 생산한다. 공간의 세계화, 자본의 세계화가 생산한 모순과 불안들은 무기력에 잠식되어 자동적으로 봉합된다. 이 자본주의가 생산하는 무료함과 지루함은 개인들로 하여금 새로운 장소를, 좀 더 스펙터클한 장소를 찾도록 길들인다.

이에 현재 세계의 도시들은 새로운 스펙터클의 세례를 받기 위해 몸살을 앓고 있다. 세계 각지에서는 초거대를 도시를 생산하기 위한 건설 붐이 일어나고 랜드마크적인 장소를 연출하기 위해 대다수 도시전문가들은 전략적인 도시상품화를 기획한다. 이러한 도시생산은 글로벌 신자유주의가 불러 온 창조적 파괴다. 새롭고 세련된 공간은 늘어나고, 이러한 공간을 창안한 창조적 지식인 계급이라는 주체는 양산되었지만, 이는 엄청난 파괴 위에 세워진 것이다. 서민 일상공간을 상품화하고 서민 공간을 파괴하고, 노동자 계급을 해체하고 서민을 그들의 삶의 공간에서 추방한다. 그러는 가운데 도시에서의 삶은 점점 더 자산 가치에 종속된다. 이는 아직 개발이 진행되지 않아 덜 파괴된 자연경관이 어느 정도 살아 있는 이들의 거주지를 탈취해 쌓은 축적을 소수의 자본가계급에게로 돌리는 작업이다. 오늘날 그것이 문화를 통한 재생이든, 도시공간을 개발한 재생이든 이 모든 재생은 모두 국가와 공모한 자본가계급에게 필요한 교환공간을 생산하는 문제, 추상공간화인 이소토피아화와 연루되어 있다. 국가가 지역 거주민을 '자신이 살고 있는 동네를 살기 좋은 곳으로 만들고 이를 자랑스러워하는 주민'이라는 주체로 소환하고 공간을 스스로 개척하라고 주문하느라 여념이 없을 때, 자본은 이들의 주변공간부터 잠식하여 이 공간을 자본화하려 한다.

특히 부산 망양로 원도심은 부산 도시가 생산될 때부터 노동자계급 공간으로 생산된 공간이다. 이 공간은 지금의 중앙로 주변에서는 쉽게 볼 수 없는 공간이다. 굳이 이곳으로 올라가지 않는다면 "노동자 거주 지역의 실태를 포착할 수 없"다. 그런 만큼 자본이 크게 관심을 가지지 않은 공간이기도 하다. 원도심 곳곳에는 빈집들이 늘어나고 특정 거리는 90년대에 머물러 있다.●33● 그 공간은 세계의 모든 도시가 동일한 구조를 띠는 이소토피아와는 다른 헤테로토피아와 같다. 2010년부터 시작된 부산 르네상스 프로젝트 사업은 이 공간을 우리 부산의 근원적인 도시 공간으로 호출하면서도 앞서 언급한 것과 같은 방식으로 도시를 재생하고 있다. 노동자 계급이 해체되고 부정되는 이 현실에서 서민 공간만을 새로이 부각시키는 것은 그자체로 모순이다. 이 모순은 물리적 공간개발을 발전의 척도로 여기는, 경제적인 것이 모든 것을 지배하는 신자유주의의 또 다른 얼굴을 보여준다. 그것은 도시가 자본축적을 위한 도구로서 수명이 다하고 있다는 것, 즉 자본주의 모순이 한계에 도달했다는 것과 이를 돌파하기 위해 '서민들 삶을 파편화'하고 국가가 이를 '지역 활성화'라는 명분으로 봉합하고 있다는 사실이다.

망양로 원도심에는 특이한 주택구조가 있고 지척에 부산항이 있어 독특한 장소감을 자아낸다. 도시 경쟁력을 강박적으로 요구하는 글로벌한 신자유주의 시대에 망양로 원도심의 이러한 조건은 이 공간을 독점지대

●33● 석유를 파는 곳, 비디오 가게, 옛날방식의 방앗간 등등이 여전히 존재하고 있다.

獨占地代 로 만들려는 욕망을 자극한다.

> "독점지대는 모순적이다 … 이런 공간에서 대항운동은 아직 뿌리를 내리지 못했다 해도 싹이 틀 수 있다. 자본의 과제는 독점지대를 영유하기에 충분한 문화적 차이와 문화 공유재를 통합하고 포섭하며, 상품화하고, 화폐화하는 방법을 찾아내는 것이다. 그 과정에서 자본은 문화생산자 사이에서 광범위한 소외와 분노를 자아낸다. 문화생산자는 자신들의 창의성과 정치적 헌신이 타자의 경제적 이익을 위해 직접 영유되고 착취당한다는 사실을 피부로 느끼기 때문이다. 이는 어떤 지역 주민 전체가 자신들의 역사와 문화가 상품화되고 착취되는 것에 분개하는 것과 같다(하비, 2012: 194~195)."

하비에 따르면 "열렬한 세계화 옹호자들 대부분은 독점지대가 나올 가능성이 있는 지역의 개발을 지지한다. 이러면 지역 수준에서 세계화의 흐름에 반대하는 정치 분위기가 조성될 수도 있다(하비, 2014: 179)." 그렇다면 부산 원도심에서도 이런 분위기가 조성될 수 있는가? 망양로 원도심 도시재생방식은 점점 거주민들의 분노를 생산하고 있다. 현재 중구, 40계단 주변 지역의 젠트리피케이션은 이미 시작되었고, 이는 또따또가의 예술가들의 활동에 제동을 건다. 젠트리피케이션 문제에 반기를 드는 정치 행위는 없지만 문제의식은 어느 정도 확산된 상태다. 그리고 인쇄길 프로젝트, 모퉁이극장, 노숙인잡지-낯선 아침, 초록영화제 등에는 차이를 생산하는 주체의 자발적인 실천이 존재한다.

이들은 적어도 '나는 그렇게 하고 싶지 않다', '나는 다른 무엇이 되기를 원한다'라는 욕망에 충실하다. 이들은 공간을 이동하며 잠재되어 있는 헤테로토피아를 생산할 가능성을 가진 주체들이다. 그리고 자신의 느낌을 타인과 공유하며 이를 명확히 하는 실천하는 주체들이다. 이 주체는 공간적 재현과 재현적 공간의 "불일치"를 공공연하게 표현하며 불만을 드러낸다. 나의 장소와 문화, 나의 일상이 상품화되고 자신들의 자발적 창의성이 착취되는 것에 분노한다. 그러나 이 분노는 개별적인 것으로 머무르고 있다. 이를 유도하여 밖으로 확대하는 작업이 필요하다. 그리하여 망양로 원도심의 분노와 중앙동의 분노가 다르지 않다는 것을, 그리고 지구촌 곳곳에서 산발적으로 벌어지고 있는 분노와 같다는 것을, 나아가 부산의 다른 숨겨진 헤테로토피아인 산복도로의 소외가 분노로 전환되어야 한다는 것을 제시해야 한다. 급기야 이 분노는 자본주의 체계가 생산하는 중독으로부터 주체를 해방시키는 계기가 될 수도 있다. 분노의 연대는 또 다른 충돌을 일으킬 것이고 그 충돌 속에서 새로운 길로 갈 수 있는 가능성을 경험할 수 있다.

"자주관리가 도입하고 촉진하는 근본 모순은 국가와의 모순이다. 본질적으로 자주관리는 사회전체 위에 솟아있는 제약하는 힘으로서의 국가를 의문시하며, 사회적 관계에 내재한 합리성을 파악하고 요구한다. 일단 이 소박한 구조가 지상에 자리잡고 균열을 낸다면 거대한 국가라는 구조물에게는 커다란 위협이 될 것이다." "비록 자주관리가 개념으로서만 존재한다 하더라도 자주관리가 있는 곳마다 국가에 대한 고유한 안티테제를 자극하고 도입하며, 보통 사람들 위에서, 보통 사람들에게 강제되는 제약적 힘으로서의 국가에 도전한다(매리필드, 2013: 95)"는 사실은 삶을 재조직하는 계기를 제공한다. 통제의 공동체에서 차이의 공동체, 조절의 공동체로 전환하는 것은 주체에게 작동하는 국가적·자본적 질서의 이율배반성을 찾아내고, 거주공간을 중심으로 형성된 주체들의 공동권력을 생산하는 작업이다. 매리필드는 르페브르가 말하는 국가의 제약적 힘이란 "포드주의" 시대여 행정기구가 일상생활을 관리하던 힘이라고 말하며 이는 신자유주의시대에는 그 힘이 사멸했다고 본다. 그러나 신자유주의 시대에도 도시재생을 통해 여전히 국가가 일상생활을 제약하는 힘은 드러나고 있다. 게다가 이 힘은 자본과 유연하게 결탁하여 주체를 더욱더 옥죄는 형태로 드러나지만 주체는 이에 무감하기 십상이다. 그런 만큼 오늘날 자주관리는 주체의 삶을 유지하기 위해서도 더더욱 필요한 조건이다. 주체가 거주하는 몸, 자신이 살 수 있는 공간의 생산에 자발적으로 개입하려는 실천은 그 자체로 국가적 폭력에 위협이 되고 자본의 폭력에 위협이 될 수 있다. 이는 노동자주체가 프레카리아트로 변형되고 더 이상 자본의 노예조차 될 수 없는 이들이 생산되는 오늘날 이 자주관리의 실천은 다양한 삶의 형태, 공동체를 생산할 가능성을 보여줄 것이다. 그리고 흩어진 계급, 계급조차 가질 수 없는 이들을 도시에 거주하는 이들과 연대할 수 있는 계기를 제공하며 이들이 함께 미래에 대한 봉기를 향해 돌입하도록 할 것이다.

부산 원도심이 모순공간에서 차이공간으로 전환되는 것은 공간적 주체의 분노가 축적되어 터질 때이다. "빈민가를 없애는 것은 빈민가에 대한 이론의 진실을 밝힐 수 있는 조건을 없애는 것을 의미한다(앤디 메리필드. 2002: 317)." 망양로 원도심은 자본주의적 모순이 생산한 공간으로 그 자체로 자본주의 폭력을 보여줄 수 있는 증거공간이다. 현재 진행되는 도시재생은 이 헤테로토피아를 이소토피아화하면서 그 증거를 지우고 있다. 망양로 원도심을 중심으로 한 도시권 운동, 우리의 도시를 찾기 위한 자발적 움직임은 자본주의의 틈을 내고 통제의 공간을 약화시킨다. 그리고 그 틈을 타고 다양한 차이의 절규들이 넘쳐나는 차이공간, 조절의 공동체를 향해 새롭게 도약할 수 있다. 이로써 망양로 원도심에는 관과 결탁된 자본의 욕망을 뚫고 나와 부산에서의 여러 저항들, 한국에서의 투쟁들, 나아가 세계의 몬드라곤과 마리날레다를 비롯한 세계의 봉기들(혹은 유토피아를 꿈꾸는 실험실)●34●과 연대하려는 욕망이 들끓게 될 것이다.

위기상황은 우리를 압박하고, 그 불안을 이용해 위기에 굴복할 것을 강요하고 있습니다. 우리가 그것에 좌절한다면 위기는 사라지지 않고 지속될 것입니다. 솔직히 말해 위기의 원인을 뿌리 뽑기에는 많이 늦었습니다. 하지만 끊임없이 이를 없애려는 노력을 지속할 때 희망은 있습니다.(…) 위기가 극복 되겠는가?라고 묻는다면 제 대답은 "네"입니다. 왜냐하면 세상은 작은 결정들이 만들어낸 결과물들이 모여 변해가는 것이기 때문입니다. 가장 중요한 가치 중 하나는 우리 자신의 삶을 조절하는 힘입니다. 그렇게 변화하는 삶들이 위기를 극복할 힘을 만들어 낼 것입니다.●35●

망양로 원도심의 위기 상황은 우리가 지금 무엇을 해야 하는지를 알려준다. 원도심 문제는 '원도심 쇠퇴'가 아니라 '원도심 모순'으로 바뀌어야 한다. 도시재생은 전문가 및 행정가들의 특정한 전유물이 아니다. 도지재생의 생산수단 또한 도시민들이 전유해야 한다. 도시재생은 물리적 공간

●34● 반소비사회를 실험하는 칸 마스데우Can Masdeu, 어떤 틀도 없는 풍성한 상상의 세계 라비에이 발레트La Vieille Valette, 유럽 유토피아 공동체의 대명사를 경험한 롱고 마이Longo Maï, 신자유주의의 물결에서 승리를 거둔 저항자들의 공간 즈레냐닌Zrenjanin, 궁핍한 존재들을 끌어안은 도시 크리스티아니아Christiania 등.
●35● 스페인의 베니카심(Benicassim)에서 2012년 8월, 레게페스티발이 열렸다. 19회를 맞이하는 이 해는 자메이카 독립 50주년을 유럽 대표 레게 음악 페스티벌 ROTOTOM SUNSPLASH가 일주일간 열린 것이다. 이 페스티벌에서는 다양한 종류의 워크숍과 더불어 매년 축제의 주제를 새롭게 정하고 그에 해당하는 사회포럼이 기간 내내 진행된다. 포럼은 "대학포럼"과 "사회포럼" 두 부분으로 나뉘는데 대학 포럼 공간에서는 주로 주제와 관련된 이미지, 영상 중심의 프리젠테이션을 통한 세미나와 포럼을 진행하고, 메인 사회포럼 공간은 매일 4개, 기간 중 총 28개의 굵직한 포럼을 컨퍼런스, 강연, 인터뷰 등의 다양한 방식으로 진행한다. 이해의 주제는 유럽의 경제위기와 맞물린 "세계경제위기 극복"이었다. 특별히 바우만의 포럼은 이틀에 걸쳐 두 섹션으로 나뉘어 진행되었다. 첫 섹션은 가벼운 인터뷰방식으로 진행되었고, 두번째 섹션은 다른 토론자들과 함께 "경제위기 극복"에 대한 논쟁을 하는 자리였다(지그문트 바우만과의 토론 중에서, http://www.arte365.kr/?p=4998).

만이 아니라 그곳에 살고 있는 사람들의 거주문제도 반드시 고려해야한다. 도시재생 주체의 범위를 확대하고 다양한 주체들이 조절을 통해 도시재생을 실천해야 한다. 이러한 도시재생은 자본주의 모순, 신자유주의의 모순에 깔려버린 우리의 삶을 우리 자신이 스스로 조절하도록 한다. 그것은 우리의 삶, 우리의 삶의 공간을 우리 스스로 조절해야 한다는 메시지다. 도시재생에 참여하는 이들이 도시 공간을 공유하는 공간적 주체가 되어 함께 차이를 조절하며 조절의 공동체를 구성할 때, 자본주의가 생산한 삶의 위기를 극복할 수 있다.

© Lee inmi

부산
원도시에서
사람을
만나다

김회장 댁 : 얘 그 애기 엄마 그럴 사람 아니다.

작은 며느리 : 아이구 어머니 그럴 사람이 따로 있어요? 사정이 급하다 보면 그렇게 되는 거지 형님 혹시 돈 안 빌려주셨어요? 얼마나요? 복길이 엄마는 50만원이나 빌려줘서 지금 머리 싸매고 누워 있어요.

김회장 댁 : 그깟 일로 누워 있을 게 뭐가 있어. 손바닥만한 나라에서 찾자고 들면 그거 못 찾을까.

직은 며느리 : 아이고 어머니 숨자고 작정하면 어떻게 찾아요. 서울에는 한 번지에도 수백 명 수천 명이 산다잖아요. 그리고 이웃 간에도 얼굴도 모르고 산다는데요. 뭐.

김회장 댁 : 에구 그거 다 지어낸 말이지. 서울 사람은 뭐 뿔 달렸다니. 느 큰시누네 사는 데 가보니까는 이웃들끼리 잘만 살더라. 수산시장, 도매시장 거기도 가고 이웃끼리 옷도 해 입히고. 얘, 시골하고 똑 같더라 아파트라도.

2016년을 살고 있는 사람에게 김회장 댁의 대사는 재미있게 들릴 것이다. 김회장 댁에게 오늘날 우리에게 익숙한 도시생활은 뿔 달린 사람들의 생활이다. 작은 며느리와 김회장 댁이 말하는 서울생활은 모두 맞다. 한 공간에 모여 사는 많은 사람들이 서로 모르고 살아가기는 것도 맞고 그 속에서도 이웃끼리 나름으로 함께 어울리며 살아가는 것도 맞다. 김회장 댁에게 사람살이에서 후자가 우선이라면 작은 며느리에게도 꼭 그런 것만은 아니다. 1980년대에서 2000년대 초반까지 우리나라 농촌의 삶, 일상을 다룬 드라마 『전원일기』에는 요즘과는 사뭇 다른 생활들이 많이 나온다. 땅은 생물을 품었다 내는 터라는 인식이 일반적이며 삼대, 사대가 모여 사는 집이 흔하고 세대 간, 이웃 간의 충돌도 자주 나오며 그 충돌을 무작정의 신뢰와 정으로 해결하는 경우가 많다. 가족은 가족대로 이웃은 이웃대로 평생 함께 살아갈 존재라는 의식이 강해서 그랬을 것이다. 그런가 하면 전원일기의 양촌리 사람들은 도시의 일상생활을 새로운 문화로 언급하며 신기해하기도 하고 경계하기도 한다.

뿐만 아니라 농촌사회가 어떻게 도시사회로 편입되는지도 잘 보여준다. 사람 말을 일단 믿고 보는 것을 당연지사로 여기는 부모세대들은 마을로 찾아든 외지인들에게 종종 상처를 받는다. 그리고 자식세대는 그런 부모세대에, 세상에 분노한다. 그러나 변하는 세상에 버팅길 방법은 딱히 없다. 독한 수입 농약은 생산력을 늘려주고 고된 노동을 조금은 덜어주지만, 삶의 터전인 땅을 죽게 하고 사람들의 일상을 위험하게 한다. 땅을 보호하고 일상을 지키고 싶지만, 그렇게 해서는 살기가 더 힘들어지는 현실이 밀려온다. 수입 농산물이 막무가내로 물밀듯이 들어오고 정책에 따라 일 년 농사가 좌우되며 농부들은 일희일비한다. 그 사이에서 스타농부도 나오고 파산농부도 나온다. 시간이 지날수록 파산농부는 급격하게 늘어난다.

농부들이 땅과 씨름하며 일상을 조절하던 일, 그러한 공간적 실천은 외부적 조건에 따라 점점 더 고립된다. 자신이 살고 있는 장소와 교감하며 살아가던 농부의 자발성은 버려야 할 고집이라고 세상은 말한다. 농부와 땅이 맺는 관계는 장소를 사용하는 이와 장소간의 유대관계를 잘 보여준다. 농부는 땅을 통해 자신을 표현하고 농촌사회에서 주체가 된다. 이 관계로 농부는 사회에서 안정감을 느끼며 농촌사회라는 공동체에 자신의 관심을 표현하며 개입한다. 발전해가는 도시사회에 따라 변해가는 농촌사회에서 농부는 자신의 장소에서 점점 더 분리된다.

『전원일기』는 1982년 시작해서 2002년에 끝났으니 일제강점기와 한국전쟁 이후 급속하게 진행하던 도시화가 몰고 온 문제 한 가운데 있었다고 봐야 할 것이다. 드라마 후반부로 갈수록 농사를 짓는 일은 빚을 지는 일이 된다. 땅을 버리고 자신의 노동력을 사줄 도시를 찾아 떠나고, 변화하는 세상에 맞추기 위해 대처로 떠난다. 빈집들이 늘어나고 집집마다 골목마다 아기의 울음소리, 아이들의 웃음소리는 사라진다. 성실히 땅을 파고 살았지만 늘어나는 빚 때문에 야반도주하는 사람이 늘어난다. 남은 마을 사람들은 자신이 떼인 돈보다 야반도주한 이의 심정에 이입되고 그렇게 끝이 나는 농부의 생활에 충격을 받는다. 땅에 발을 디디고 땅을 살피던 일은 뒷전으로 밀리고 땅에서 발을 떼고 땅을 재산 축적의 도구로 사용하는 것이 현명하다고 생각한다. 농촌생활을 하는 사람들이 줄어들고 농촌에서의 삶이라는 것이 사람들의 관심에서 멀어지면서 『전원일기』도 막바지에 이른다.

1970년대부터 2000년대 초반에 이르기까지. 대한민국에서 도시인이라 하더라도 농사짓는 가족이나 친지를 둔 이가 많았지만 도시가 발전할수록 벼를 모르는 도시인은 허다하게 늘어간다. 내가 사는 거주지는 '장소 그리고 공동체와 이어진 나'라는 존재가 거주하는 장소가 아니라 도시인의 축적을 도와주는 매개다. 그렇게 도시의 일상은 축적의 영역, 교환가치, 이소토피아가 지배하는 영역이 된다. 르페브르의 말대로 이 일상은 쿨cool한 성격을 띤다. 이 영역에서는 냉철한 이성으로 판단할 수 없고 시각적인 것이 우세하고, 냉철하지 않은 것은 무지한 것으로, 시각적이지 않은 것은 믿을 수 없는 것으로 치부한다. 거주하기보다는 거주지의 사회적 상징가치, 교환가치가 더 중요하다.

사는 일은 사람을 만나는 일, 장소를 만나는 일이다. 사는 일은 사람과 교감하며 장소와 교감하는 일이다. 그 교감에서 우리는 얼마나 우리의 자발성을 발휘하며 관계를 조절하고 있는가. 우리가 교감하며 살아가는 데는 국가, 사회의 고정관념, 자본, 사회시스템 등 여러 요소들이 개입한다. 쿨한 일상을 통제하고 생산하는 특정 주체들, 자본친화적인 국가의 기득권 세력은 이 문제를 지운다. 도시사회가 농촌사회를 폭력적으로 부정하고 지우듯이, 땅과 붙어 있는 농부를 지우듯이 그렇게. 이에 반해 우리는 그 요소나 힘들을 어느 정도 인지하고 있으며 그 요소들과 어느 정도 세勢 싸움을 하고 있는가. 일방적으로 딸려 가고 있지는 않은가. 우리의 살아가기, 거주하기는 어떤 사람, 어떤 장소들과 만나고 있는가를 고민한다면 이 질문은 늘 우리 곁을 떠나지 말아야 한다.

부산 원도심은 이제 많은 사람들에게 익숙한 곳이 되었다. 아직도 이 원도심을 모르는 부산 사람들이 많지만 2009년을 기준을 할 때, 그 이전보다 많은 사람이 이곳을 알기 시작했고 원도심이라는 장소에 개입하기 시작했으며, 앞으로도 그럴 것이다. 망양로 일대에서 공공자금 지원으로 공공미술을 처음 시작한 해가 2009년이다. 이런 표현이 적절할지 모르겠지만 행정가, 예술가, 문화실천가, 인문학자, 거주민 등이 이 장소에 모여 때로는 충돌하고 때로는 외면하고 드물게는 손을 잡은 것이다. 필자도 공공미술을 시작하면서 원도심을 알게 되었고 이 원도심을 부산의 역사성이 있는 상징적 장소로 이해했지만 내 몸이 마주한 망양로도 사람들이 살고있는 장소였다.

탁 트인 경관, 특이한 주택구조의 망양로. 가파른 계단을 힘들게 올라가다 뒤를 돌아보면 북항바다를 볼 수 있는 곳, 긴 계단을 오르면서 푸념

하는 아이와 그런 아이를 달래거나 놀리면서 어떻게든 아이의 힘으로 계단을 오르도록 만드는 어머니가 있는 곳, 낮이면 양지바른 곳에 앉아 지나가는 바람을 맞고 햇살을 쬐며 앉아 계신 할머니들, 어린 시절 동네에서 보았던 옹벽을 어디서나 볼 수 있는 곳, 겨울이면 뺨을 할퀴고 발끝을 얼려버리는 매서운 바람이 지나는 곳, 뒷집의 조망권을 위해 옥상에 빨래를 널지 않기로 합의를 본 곳, 그리고 앞집 옥상에 무엇인가를 놓는 것에 민감한 뒷집이 있는 곳, 집 앞에 화분이며 의자며 살림살이를 내 놓는 곳이 일상적인 곳, 편의점보다 동네 가게가 더 많은 곳, 아직도 석유를 파는 곳을 종종 볼 수 있는 곳이 망양로다. 이곳에서도 부산의 다른 곳처럼 많은 사람이 일상을 보내고 있다. 그리고 그 일상의 결들이 한 번씩 큰 숨을 들썩일 때마다 역사의 조각들이 새어나온다.

"이웃된 지 40년이 다 되어가고, 그때는 젊었을 때다. 나도 새각시 때. 여기 고무공장이 천지에 있을 때 삼화고무, 무슨 고무 공장이 있을 때. 그때는 방이 없었어. 방 한 칸에 8명씩, 9명씩 생활하고 살았는데 부엌 하나에 방 한 칸에 한 10명씩 살았다. 공장이 없어지다 보니 다들 (시내)아파트로 내려가고 우리 같이 늙어서 돈도 없고 갈 데도 올 데도 없는 사람들끼리만 모여 살잖아, 떠나지도 못하고(다큐멘터리, 3일간의 산복도로 순례 중에서)." 좁은 가게, 그 안에서 옹기종기 앉은 세 분의 아주머니는 이렇게 이야기한다. '그래도 뭐 우짜겠어요. 우리는 또 우리대로 사는 거죠. 안 그렇나' 이 속엣 말은 말하지 않아도 들리는 것 같다.

길가 평상에서 사과를 잡수시던 아저씨가 카메라를 들고 다니는 젊은 친구에게 사과를 건넨다. 사과를 받아든 젊은 친구와 아저씨는 두런두런 이야기를 나눈다. "함흥에 살다가 흥남에 내려와서 피난 나왔다. 흥남 부두에서 배 타고 거제도 왔다가 거제도에서 부산 나오고 이북이 춥단 말야. 내의 입고 무명옷에 검은 물 들여 갖고 거제도 논밭에서 밤을 새다시피 해도 추운 줄 몰랐어. 지금 같아서는 못하지. 거제도 있는 사람들 거제도 사람들 좋아요. 그 사람들이요 거제도 사람들 참 인생의 심정이 참 좋은 사람들이라. 그 피란민들이 왔는데 그래도 고구마 한 쪽이라도 나눠 먹을 라고. 지금 내가 배고픈데 누구 그 동정할 사람이 있겠소. 내 지금 거제도 사람들 밥이라도 한 그릇 싸주려고 그래요. 그 그게(다큐멘터리, 3일간의 산복도로 순례 중에서)." 아저씨의 말끝에는 감정의 동요가 묻어 난다. 아저씨에게 사람은 늘 외면할 수 없고 잊을 수 없는 존재다. 그래서 길가에 앉아 자신을 찾아온 이를 반갑게 맞이하기도 하고 그에게 선뜻 사과를 건네면서 지나온 얘기를 나누기도 한다.

"제가 여 초량6동에서 이바구 공작소를 지나서 168계단을 내려가서 부산역 옆

포장마차 길로 해서 기찻길 따라 주욱 가면 세관 앞이 나오거든요, 세관 앞 신호 등을 건너서 그냥 가면 거기가 국내여객터미널이고 이쪽은 부산대교고 거기서 길 건너면 롯데백화점 우회해서 광복로를 들어가서 용두산까지 에스컬레이터를 타고 딱 올라가면 용두산 공원까지 걸어가면… 한 시간 반 정도 걸린다. 그게 대개 좋습니다. 그거는 그냥 우리 애하고 아무 생각 없이 걸은 거리거든요. 근데 굉장히 재밌다. 우리 애가 남자 애니까 우리 한 번 걸어볼래, 괜히 말 띄웠다가 한 번 걸어보지 하고 걷다보니까 그렇게 됐다. 그래서 그 거리는 직선으로 북항이 개발되면 바로 바다까지 가서 여름에는 제 애하고 배낭에 수영복 넣어가지고, 아니 수영복 안에 딱 입고 항구까지 한 30분 걸어가지고 가방에 옷 넣고 바로 수영하면 딱이거든요. 그러면 너무 좋은데 지금의 설계상으로 보면 도저히 그게… 전문가가 그런 생각을 하지 않는 게, 과연 그 사람들이 전문가인가 싶다(망양로, 거주민과 인터뷰 중)."

삶의 장소에 애착을 가지고 자식과 그것을 나누고 싶은 거주민. 이 거주민은 이 장소들이 특정한 방식으로 그리고 일방적으로 바뀌는 것에 의문이 있다.

"상식적으로 생각하면 이게 중요한 거 아닌가. 저 같은 경우도 매축지 마을 주민의 입장이 되어보면 매축지 마을 주민을 위해서 해야 되거든요. 저는 산복도로에 사니까 산복도로 사람들의 이익을 위해서 설계를 하게 되면 사실 사적인 이익이 될 수 있습니다. 근데 그동안 산복도로와 북항에 있었던 역사들을 기억해 보면 그 이야기들과 삶의 형식들이 그대로 (북항이나 산복도로에) 녹아 있기 때문에 그런 이익은 좋은 이익이고 공적인 이익이고 부산의 새로운 역사를 만들어 가는 아시아의 진정한 허브 공항으로서의 역할을 만들어 가는 거다 그렇게 생각이 들거든요. 그러면 사실은 우리 영화를 한 편 찍더라도 아시아 쪽에 북항을 중심으로 영화를 찍을 때 북항에 오래전부터 있었던 할아버지 손자 세대가 북항에 옛날부터 일을 하다가 그 자손들이 커서 거기가 개발이 되고 거기서 요트 일을 하고 해양 일을 하고 호텔 일을 하고 그래서 이 아시아를 향해 나아가는 영화 같은 이야기들. 그런 리얼 스토리, 히스토리가 만들어져야 하는데 왜 전문가들은 그런 이야기를 안 하고 자꾸만… 대학에 계신 분들 모시고 와서 멉니까 스토리텔링한다고… 진짜 어디서 스토리텔링하는지 모르겠어요. 살아가면서 이게 스토리텔링이라고 생각하는데 장소와 관련한 스토리텔링이 아니라 개인의 이야기만 자꾸 수집하는 게 문제가 아닌가 합니다(망양로 거주민과의 인터뷰 중)."

부산 원도심에서 살아 가는 사람들, 망양로 사람들은 나름으로 자신의 장소, 이웃들과 교감하며 자신들의 장소를 기획하며 살고 있다.

부산 원도심을 공적인 장소로, 부산의 상징적인 장소로 재구성하는 데 마땅히 들어야 할 그들의 의견은 어느 정도 포용되는가. 그러나 애석하게도 원도심이라는 장소를 구성해 왔고, 현재 구성하고 있으며, 앞으로 구성해 나갈 이들의 이야기는 부산 원도심을 재구성(재생)하는 데 있으나 있지 않은 것으로, 표면적으로만 중요한 것으로 남아 있다. 거듭 말하지만 관의 주도로 부산 원도심 재생 사업을 본격화하고 있는 지금, 원도심에는 거주민만 있는 것이 아니다. 산복도로 재생사업, 또따또가 등 다양한 예술문화실천, 재생실천은 각계 각층의 사람을 원도심으로 불러 모은다. 거주민과 이들이 함께 모인 곳이 현재 원도심인데, 그들의 공간적 실천들은 특정한 세勢를 형성하며 부산 원도심의 현재와 미래를 그리고, 부산 도시사회의 현재와 미래를 그려가고 있다. 이 '현재와 미래가 누구를 위한 것인가', '이 원도심을 어떤 삶의 장소로 만들 것인가' 하는 문제는 이 공간적 실천들이 어떤 힘의 관계를 유지하느냐 달려 있다.

현재 이 힘들의 관계는 어떤 모양새를 띠며 어떤 가능성을 보여주고 있는가. 앞선 장에서 이미 언급하기도 했지만 부산 원도심에 새긴 초량이바구길, 또따또가의 여러 실천은 이 힘의 관계를 단적으로 잘 보여준다. 초량이바구길은 기본적으로 망양로 원도심의 구조적 모순을 배제하고 시작한 사업이다. 그 결과 이 길은 헤테로토피아인 망양로 원도심을 이소토피아화려는 성향을 보인다. 이는 서로 차이나는 다양한 공간을 경제적인 것이 지배하고 관이 통제할 수 있는 공간으로 만들려는 일이다. 이바구길의 이러한 공간생산은 이곳 거주민들을 외부의 프로그래밍에 따라 자신의 공동체를 구성하는 수동적 주민, 통제에 순응하는 주민으로 생산하고자 한다. 이러한 도시재생 방식은 신자유주의식 장소 경쟁체계에 원도심을 밀어 넣음으로써, 원도심에서 관의 통제권을 교묘하게 주입시킨다. 마을의 발전이라는 명분으로 내 집의 자산적 가치가 상승할 것이라는 기대감으로 거주민들은 관의 욕망에 충실한 주민이 될 것을 종용당하고 있다. 거주민들이 자발적으로 맺던 이웃관계는 이 종용으로 분열되기도 한다. 그리고 분열은 관의 권력으로 흡수된다. 자본주의적 도시 공간의 모순적 구조를 외면하고 표피적이고 시각적인 효과만을 생산하려는 지배의 욕망은 결국 일부 거주민들의 생활공간을 폭력적으로 점령하는 결과를 낳았다. 또 북항재개발이라는 기업주의도시를 향한 욕망을 지원하고 은폐함으로써, 거주민 스스로가 자신들의 삶의 공간에 미칠 조건에 개입하는 것을 차단한다.

조절의 공동체는 자본주의적 도시가 생산한 모순공간에서 생겨난다. 공동체를 통제하는 하나의 중심성은 결국 도시의 다양성을 다 담을 수 없고 모순을 생산할 수밖에 없기 때문이다. 이바구길이 생산한 망양로 원도심은 거주민을 배제하면서 생산되었고, 결국 이는 거주민들의 저항을 생산하고 말았다. 초량스카이웨이 주차장 건설에 반대하는 거주민들의 각기 다른 움직임은 자신의 거주공간에 개입하려는 주체의 성격, 불일치의 정치를 보여준다. 또한 중앙동 원도심에 위치한 또따또가에는 인쇄길 프로젝트, 〈낯선 아침〉과 벼룩시장, 모퉁이극장, 초록영화제의 실천이 있다. 룩셈부르크가 지키고자 했던 대중의 혁명적 자발성은 르페브르가 말하는 생활영역의 자주관리, 도시권으로 이어진다. 이는 오늘날 자신이 살고 있는 거주공간의 생산에 개입함으로써 혁명적 주체의 가능성을 연습한다. 또한 아렌트의 정치를 통한 공동권력은 관과 자본의 통제에 몸살을 앓는 망양로 거주민들이 그들의 공동권력을 구성할 수 있는 방법을 제공한다. 파리 68혁명, 몬드라곤, 마리날레다는 자본주의적 헤게모니가 지배하는 도시, 신자유주의적 헤게모니가 지배하는 도시에서 틈을 내고 있다. 하지만 이 틈을 지속적으로 확대해 나간다는 것이 현실적으로 어렵다는 사실이 드러난다. 68혁명은 실패로 돌아갔고, 몬드라곤과 마리날레다 공동체의 미래 또한 낙관적이지만은 않다. 그럼에도 이와 같은 조절의 공동체를 향한 각기 다른 역사적이고 현실적인 현장들은 부산의 원도심을 새롭게 그려보는 데 많은 이점을 제공한다는 사실은 중요하다. 부산 망양로 원도심에서 일어난 거주민의 저항들, 그리고 또따또가에서 일어나는 실천들에 새로운 의미를 부여해 준다. 즉 이 실천들이 어떻게 신자유주의에 틈을 낼 수 있는지를 설명해 준다. 다시 말하면 그러저러하게 지나칠 수 있는 실천들을 신자유주의의 틈으로 생산할 수 있는 혁명적 실천으로 전환시킬 수 있는 실마리를 던져주는 것이다.

모퉁이극장, 초록영화제, 인쇄길 프로젝트, 〈낯선 아침〉의 현실적 문제를 통해 두 가지 사실을 알 수 있다. 하나는 관의 재정적 지원 속에서도 주체의 변혁 가능성을 실천할 수 있는 계기를 생산할 수 있다는 점이다. 또 다른 하나는 이 재정적 지원에 딸린 중앙집권적인 통제를 분리시키는 정치적 방안을 모색하는 것이 시급한 과제라는 점이다. 이러한 계기나 과제는 관이나 자본의 통제에 맞서려는 주체의 자발성이 없이는 있을 수 없다. 서론에서 신자유주의라는 거대한 구조가 주체의 자발성을 어떤 방식으로 전도시키는지는 이미 살펴보았다. 신자유주의가 생산하는 가상의 자발성, 그 자발성이 낳은 생산력이 주체에게로 다시 돌아갈 때, 그 힘은 주체의 자유를 억압하고 구속한다. 그런 점을 감안한다면 자본주의적 구조에 구멍을 내는 그 효과가 미비하다 할지라도, 원도심에서 일어났던 긍정적인 실천, 그 실천 주체가 발휘하는 자발성의 힘은 큰 함의를 가지고 있다. 살고 있던 장소가 변하는 데 자신의 욕망을 표현하며 장소의 정치, 거주의 정치, 공간의 정치를 실천하고 있다. 앞으로 사적인 이익을 내세우는 데서 공적인 영역을 고민하는 데까지 다양한 욕망들이 나올 것이다. 이 욕망을 의견 opinion 으로 생산하고 그런 다양한 의견들이 더 자발적으로 흘러나올 수 있도록 그래서 그것을 함께 이야기할 수 있는 공적 장소를 생산해야 하는 것이 중요하다. 공적 장소에서 오고가는 의견의 질을 판단하기 이전에 우선 이런 공적 장소를 생산한다면 그 속에서 사람들은 그들의 의견을 갱신해 갈 것이다.

 자본주의 모순공간에서 이웃과 함께 자신들의 공간을 생산하며 살아왔던 망양로 원도심 거주민들, 그리고 신자유주의적 도시가 요구하는 필요에 따라 이 공간을 그들만의 방식을 재생시키려는 관과 전문가들, 이에 순응하거나 거부하는 사람들, 그리고 부산인으로 호명당하는 부산거주민이 이바구길을 통해 이 원도심에서 만난다. 김민부 전망대, 이바구 공작소 등으로 드러나는 이바구길은 이 망양로 원도심을 새로운 공간으로 만들었다. 도시재생으로 드러난 관의 욕망은, 결국 다양한 주체들의 다양한 공간적 실천을 이 공간으로 집중시키는 효과를 생산했다. 이바구길 어디에서도 볼 수 있는 북항재개발의 현장은 현재 부산 원도심이 처한 상황, 즉 헤테로토피아를 이소토피아화하려는 이 모순적 상황을 적나라하게 드러낸다.

 많은 사람들이 다녀갈수록 망양로 원도심의 생활공간이 파괴됨과 동시에 이 모순의 현장이 많은 사람들에게 노출된다. 이미 스카이웨이 주차장, 하늘데크 전망대를 만드는 데서 드러난 거주민의 저항은 이 공간의 구조적 모순이 갈등으로 표출될 가능성이 높다는 것을 알려준다. 뿐만 아니라 이는 도시재생을 둘러싼 부산 원도심의 갈등을 가시적으로 드러내며 많은 이들이 이 공간에 주목하도록 한다. 게다가 원도심이 문화적 공간이 되어야 한다고 생각하는 문화인들 눈에 이 현장은 예사롭지 않게 보일 수도 있고 많은 이들의 공분을 살 수도 있다. 이바구길이 보여주는 모순은 현재 부산이 직면한 신자유주의적 도시 모순을 단면적으로 보여준다. 이 모순적 상황을 하나의 소리로 봉합하는 아니라 다양한 주체들의 목소리들로 드러나게 해야 한다. 그래야만 다양한 차이들이 폭발적으로 분출될 것이기 때문이다. 그리하여 관의 집중화에 맞서는 다양한 중심성들의 축제로 만들어 나갈 수 있는 것이다. 이로써 이 충돌은 유명세를 탄 이바구길이 생산하는 모순을 타고 확산될 수 있다.

전망대를 생산하는 방식에 반대하는 거주민들의 공간적 실천, 또따또가에서의 공간적 실천은 관과 자본의 집중화 속에서 다양한 중심성을 형성하고 있다. 이러한 실천을 부각시키는 것은 신자유주의 모순 속에서 새로운 차이를 만들어 내려는 작업이다. 그것이 도시혁명과 아주 멀리 떨어져 있다 하더라도, 그 방향은 혁명을 향해 있음은 사실이다. 이미 68혁명과 같은 거대한 흐름을 기대하기 어려운 오늘날 도시에서 마리날레다 사람들의 끈질긴 투쟁, 마리날레다 사람들이 지키려고 했던 연대의 윤리는 우리에게 큰 교훈을 준다. 그것은 자신의 몸을 생산할 권리, 자신이 거주하고 있는 공간의 생산에 개입할 권리를 실천해야 하는 것이다. 신자유주의의 모순 속에서 자신이 살고 있는 공간에서 자신이 살아 있음을 매순간 느끼며 사람들과 함께 능동적으로 우리가 원하는 대로 살아가려면, 모순공간을 차이공간으로 전환시키는 조절의 공동체를 향해 한 걸음씩 나아가야 한다. 망양로 원도심 모순은 원도심 모순으로, 신자유주의 모순으로, 내가 살고 있는 공간의 모순으로 이어진다. 이 모순들은 서로 연결되어 있다. 따라서 망양로 원도심 모순에서 새로운 현실을 구성하는 일은 신자유주의 통제를 뚫는 '나라는 주체'를 새롭게 구성하는 실천이자, 사람들의 욕망들이 자연스러운 하모니로 흐르게 하는 실천이다.

함께 살 수 있는 세상, 장소와 교감하며 자발적으로 거주하기를 실천할 수 있는 공동체를 만들고자 발걸음을 옮기는 것이 진보다. 그 발걸음의 주체들은 걷는 동안 자신의 걸음들이 어디로 향하는지 반문하며 어떻게 함께 걸어야하는지를 연구해야 하고 끈질기게 달려드는 자기기만과 끊임없이 싸워야 한다. 재생문제는 이제껏 제대로 진보하지 못한 사회가 던진 숙제, 밀린 숙제다. 재생은 진보의 또 다른 얼굴이다. 진보가 그러하듯, 재생도 장소와 사람들이 함께 어우러지지 못하는 삶을 권장하는 사회가 생산한 것이다. 도시재생사업이 여기저기서 발랄하게 진행된다면 만덕주민공동체와 같은 사태, 원주민을 축출하는 젠트리피케이션, 다수를 내쫓고 차지한 거주지에서 행복을 찾은 일은 줄어야 한다. 그러나 현실은 그렇지 못하다. 자본주의 도시에서 자신이 살고 있는 장소와 교감하며 공동체를 형성하며 살아가는 일이 자신을 그 거주지에서 내모는, 역설적인 상황이 비일비재하게 일어난다. 이 역설적인 문제를 보지 않고 해결하려 시도하지 않는다면 재생은 도시의 공간을 분리하고 계층을 분리하고 계급을 분리하는 도구가 될 수밖에 없다. 진보와 함께 재생이라는 의미와 효용을 다시금 전면적으로 고려하고 출발선을 다시 긋고 함께 하모니를 그려낼 방법을 찾아야 한다. 사람들이 함께 만들어내는 하모니가 예술이자 문화요, 그것을 찾으려 시도하는 것이 행정의 역할이다. 오늘날 우리의 도시에 행정·문화·예술이 필요한 것은 이 때문일 것이다. 이 하모니는 장소, 사람과 교감하며 함께 거주하기를 시도하는 실천이다. 그리하여 이 하모니는 자본주의 모순, 공간의 모순, 삶의 모순을 새로운 에너지로 변형하여 신자유주의의 헤게모니를 변형할 것이다.

망양로 원도심의 모순을 차이로 전환하는 주체들의 공간적 실천은 도시 신자유주의 헤게모니를 분쇄할 수 있는 실천으로 이어질 수 있는가? 자주관리를 실천하는 능동적 주체, 조절의 공동체는 이 가능성을 현실로 만드는 과정에서 그 모습을 드러낼 것이다. 이 공동체는 자신이 살고 있는 공간에서 함께 어울리며 행복하게 살아가는 주체를 생산하는 일에서 생겨난다. 이러한 시도는 부산 원도심에서 일어나는 공간적 실천의 가능성을 밝힘으로써, 원도심에 있어야 할 공간적 실천을 더욱 풍부하게 만든다. 나아가 신자유주의의 틈 속에서 새로운 사회를 건설하기 위한, 아래로부터의 혁명을 위한 발판을 마련하는 작업이 된다. 부산 원도심이 다르게 생산되는 것은 부산 원도심의 사람들, 부산의 사람들이 자신들이 살고 있는 거주공간 생산에 개입할 수 있는 권리 혹은 자신들이 원하는 공동체를 생산할 수 있는 권리를 자발적으로 되찾아 갈 때다. 부산 원도심에서 만난 사람들은 자신들의 살아갈 장소에 대한 욕망을 표현하며, 또 원도심에서 자신들이 원하는 공동체를 도모하며 이 도시권을 준비하고 있었다. 그렇다면 이 욕망들을 특정한 이미지로 포섭하지 않고, 어떻게 조절하며 흐르게 할 것인가? 문화, 예술, 행정, 도시전문가 등은 이 하모니를 구성하는 방법을 찾는 일에 꾸준하고 과감하게 도전해야만 한다. 이 일이 너무 어렵기에 이상적인 것으로 치부하고 모른 채한다면, 우리 모두는 이소토피아가 지배하는 사회에서 외부의 힘에 따라 자신의 삶의 장소를 옮기고 자신의 자발성을 반납해야하는 처지를 벗어나지 못할 것이다.

참고문헌

가이 스탠딩(2014), 『프레카리아트』, 김태호 옮김, 박종철 출판사

구동회(2012), 「부산시 최저주거기준 미달가구의 시공간적 변화」, 『국토지리학회지』, 제46권 4호

김경남(2003), 「일제하 조선에서의 도시 건설과 자본가 집단망」, 부산대학교, 사학과 박사

김아람(2013), 「1970년대 주택의 성격과 개발의 유산」, 『역사문제연구』, 제29호

김준호(2011), 「공공공간에 대한 소수자의 권리를 위한 시론-거리노숙인의 '도시에 대한 권리'를 중심으로」,
      『공간과 사회』, 제21권 2호

김형균 외(2010), 『산복도로 르네상스 기본구상』, 부산발전연구원

남기철(2009), 「늘어가는 노숙인: 가혹한 의자 뺏기 놀이」, 『월간복지 동향』, 124호

댄 핸콕스(2014), 『스페인 마을 공동체 마리날레다 - 우리는 이상한 마을에 산다』, 윤길순 옮김, 이마

데이비드 하비(2010), 『신자유주의 세계화의 공간들』, 임동근 옮김, 문화과학사

데이비드 하비(2012), 『자본이라는 수수께끼』, 이강국 옮김, 창비

데이비드 하비(2014), 『반란의 도시』, 한상연 옮김, 에이도스

돈미첼(2011), 『경관』, 『현대문화지리학』, 논형

레미 예스(2011), 「앙리 르페브르와 공간의 사유」, 『공간의 생산』, 에코리브르

로널드 프레이저(2002), 『1968년의 목소리』, 안효상 옮김, 박종철 출판사

리셰크 코와코프스키(2007), 『마르크스주의의 주요 흐름』, 변상출 옮김, 유로

문재원(2014), 「산복도로(山腹道路)에 대한 동상이몽- 부산 산복도로 재현의 시선들에 대한 고찰」, 『담론201』, 17권 3호

박철규(1995), 「해방 직후 부산지역의 사회운동」, 『항도부산』, Vol.12

배영달(2009), 『보드리야르의 아이러니』, 동문선

백일순(2010), 「르페브르, State, space, world」, 『공간과 사회』, Vol. 33

부산광역시(2012), 「똥강아지 복실이와 할아버지」, 『산복도로 이야기』

부산근대역사관(2013), 『백화점, 근대의 별천지』

부산문화재단(2013), 〈낯선 아침〉, 창간호, 2호, 3호, 4호

부산직할시, 『부산시사』, 제1권, 3권

부산창조재단(2014), 『부산항 문화창작학교-북항, 실타래를 풀다』

빛나는 전망 사회이론연구소(2003), 「평의회 운동의 역사와 현재적 의미」, 『지구화 시대의 맑스의 현재성2』, 문화과학사

손정민(2015), 「창작공간 지원 사업이 예술인의 지속적 입주 의사 및 지역 활성화에 대한 영향 분석:
      부산 또따또가 중심으로」, 한양대학교 대학원, 도시설계·조경학 석사

수잔 벅-모스(2008), 『꿈의 세계와 파국 - 대중유토피아의 소멸』, 윤일성·김주영 옮김, 경성대학교 출판부

싸이트플래닝 건축사무소(2012), 『부산광역시 산복도로 생활자료관(아카이브) 기본계획』

앤디 메리필드(2002), 『매혹의 도시, 맑스주의를 만나다』, 남청수·김성희·최남도 옮김, 시울

앤디 메리필드(2013), 『마술적 마르크스주의』, 김채원 옮김, 영신사

앙리 르페브르(2005), 『현대세계의 일상성』, 박정자 옮김, 기파랑

앙리 르페브르 (2011), 『공간의 생산』, 양연란 옮김, 에코리브로

양창아(2014), 「한나 아렌트의 장소론-공적 영역과 평의회 체제에 대한 사유의 재해석」, 『코기토』 79호

엥겔스(1991), 「주택문제에 대하여」, 『칼맑스 프리드리히엥겔스 저작 선집4』, 박종철 출판사

SSK공간주권 연구팀 엮음(2013), 『공간주권으로의 초대』, 한울

오미일(2013), 「식민도시 부산의 주거 공간 배치와 산동네의 시공간성」, 『부산시공간의 형성과 다층성』, 소명

윤용출(1991), 「일제하 부산지역에서의 노동자계급의 형성」, 부산대학교 대학원 사학과 석사

이갑영(2009), 「로자룩셈부르크의 자발성과 평의회 운동」, 『동향과 전망』, 통권 77호

이동현·이상국(2012), 「부산시 용도지구의 합리적 관리방안 연구」, 부산발전연구원

이아름(2013), 「원도심 내 공공사업에서의 지역정체성 구현방식에 관한 연구 : 2000년대 이후 부산시 공공환경개선사업 사례를 중심으로」, 서울대학교 건축학 석사

장세룡·류지석(2010), 「스페인 몬드라곤 협동조합 복합체의 로컬리티와 글로컬리티」, 『전남사학』, 39권

장세룡2009, 「헤테로토피아:(탈)근대 공간 이해를 위한 시론」, 『대구사학』, 95권 0호

장은혜(2014), 「주거권의 법리적 쟁점과 보장법제에 관한 연구」, 『아주법학』, 아주법학연구소, 제8권 제1호

전국조(2014), 『부산의 터널과 다리: 유물론의 관점에서』, 경성대학교, 문화기획·행정·이론학과 석사

전성현(2014), 「일제시기 부산 중심상점가와 도시문화」, 『역사와 경계』, 제9호

정웅식(2010), 『문화도시 부산의 개발방향과 특성에 관한 연구』, 부산대학교, 부동산학 석사

제인 제이콥스(2010), 『미국 대도시의 죽음과 삶』, 유강은 옮김, 그린비라이프

조선상업회의소(1912), 『부산요람』

조정민·양흥숙(2013), 「복원과 개발로 만들어지는 부산의 문화지형-영도대교와 롯데타운을 중심으로」, 『부산시공간의 형성과 다층성』, 소명

조정환(2015), 『예술인간의 탄생』, 갈무리

차철욱(2007), 「1906년 '日韓商品博覽會'와 수입무역의 동향」, 『지역과 역사』, Vol.21

차철욱(2006), 「부산북항매축과 시가지형성」, 한국민족문화, Vol.28,

차철욱(2010), 「일제시대 부산항 설비사업과 사회적 의미」, 『한국학논총』, Vol.33 No.379

최병두(2009), 『도시 공간의 미로 속에서』, 한울

최병두(2011), 「신자유주의의 불균등발전과 국토 및 도시 공간 정책의 변화」, 국토지리학회지, 45권, 3호

칼, 마르크스(1991), 『경제학철학 초고』, 최인호 옮김, 박종철출판사

칼 마르크스(2004), 『공산당 선언』, 강유원 옮김, 이론과 실천

콜린 바커 외4명(2011), 『혁명의 현실성』, 김용민 옮김, 책갈피

한나 아렌트(2002), 『인간의 조건』, 이진우 옮김, 한길사

한나 아렌트(2007), 『혁명론』, 홍원표 옮김, 한길사

한나 아렌트(2010), 『어두운 시대의 사람들』, 홍원표 옮김, 인간사랑

헬로 TV 부산 동영상 뉴스, 2013. 12. 30.

Lefebvre, Henri. 1968. Right to the City. Kofman and Lebas translated and edited. *Writings on Cities*. Blackwell. 1996

Elden, S, (2004), *Understanding Henri Lefebvre: Theory and the Possible*, L & New York: Continuum